辛亥前夜的細節長沙

序

今年是辛亥革命一百周年，出於撫今追昔，海內外紀念這場偉大革命的圖書有如山陰道上，目不暇接。在我有限閱讀過的圖書之中，陳書良教授這本《辛亥前夜的細節長沙》雖略顯單薄，但是特點鮮明，其犖犖大者有以下三端。

其一，辛亥首義雖在武昌，然各派政治力量在湖南長沙的活動，諸如華興會起義，立憲護路，公葬陳天華、姚宏業烈士，萍瀏醴大起義，長沙「搶米」風潮等，實是辛亥革命必不可少的醞釀過程，是這一部壯麗史詩的前奏樂章。本書作者獨具隻眼，抓住辛亥前十年這一時段，又聚焦長沙這一平臺，圍繞這些重大事件，再現各派政治力量的眾生相，開闔縱橫，角度新穎，而且不乏深度。

其二，據我所知，陳書良教授是古典文學專家，他善於揚長避短，沒有在近代史理論領域進行演繹，而是娓娓而道一些細節，有些還是鮮為人知的所在。用他的話來說，「歷史遺漏了太多的細節」，「細節才能使歷史鮮活起來」。也正由於這一點，本書頗富興味，尤其附上一些歷史照片，更加引人入勝。

其三，文風散淡，風流蘊藉。陳書良教授是湖湘世家子弟，其母系是晚清直隸總督劉長佑、兩江總督劉坤一之嫡裔；其父系是山東巡撫陳士杰之嫡裔，對於湘省名門顯族均很熟稔。兼之陳書良教授國學功力深厚，出入歷史煙雲，敘述人物掌故，可讀性與學術性兼具，如首章中對譚嗣同絕命詩句「去留肝膽兩崑崙」的解詁，詩、史互證，為今之多人所難能。

我以為，《辛亥前夜的細節長沙》當然還有一些不足，如個別評論缺乏理論深度，若干提法還需斟酌，但是瑕不掩瑜，本書是近年此類讀物上乘之作，應屬無疑。

因此，我謹負責地向讀者諸君推薦。

章開沅　二〇一一年

序

章開沅

目錄

序　章開沅……3
第一章　彼時彼地——「前十年」的以前……11
一九一一年以前的華夏腹地長沙，就已經「不同凡響」了。種種原因促成了從辛丑（一九〇一）至辛亥（一九一一）的演進。而如果還要向上考究，這「前十年」以前，這塊土地的種種異象，就已經預示了這裡「會出大事」。

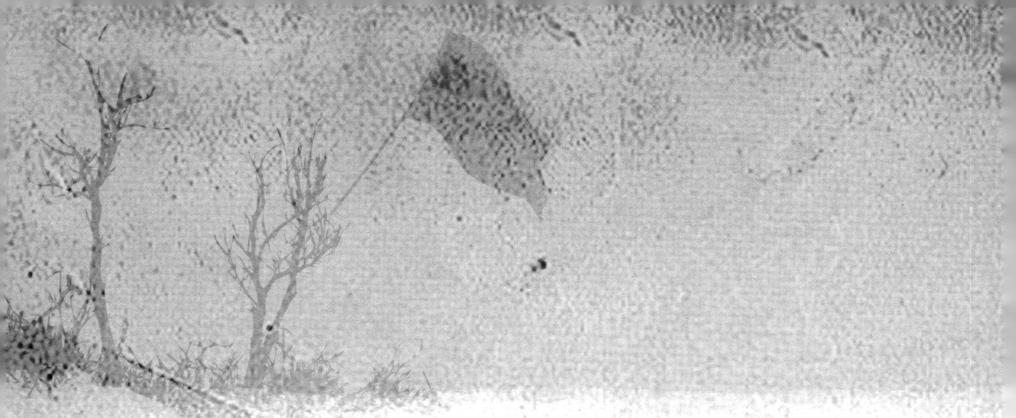

第二章　華興公司 ……… 47

青年黃興一襲青衿，飄然東歸，在湘潭茶園鋪岩洞中與「龍頭大爺」馬福益用柴火煨雞，煮酒痛飲，徹夜縱談。在長沙西園僻巷，他會合群英成立華興會。會上黃興慷慨演講，其講演詞有諸葛亮〈隆中對〉之風概，其中「首義」、「起而應之」已經為七年後的辛亥革命所印證，不過由於事態的演變，「湘省」一變為「鄂省」而已……

第三章　紳士 ……… 87

譚延闓是一個政壇不倒翁，「藥中甘草」，一個偉大的憲政主義者，一個樂於助人的人，大才子，一個學歷扎實的官吏，三任湖南都督、國民政府主席，一個美食家，一個忠於妻子的好丈夫，一個公益實行者，一個「顏體」的苦戀者，民國四大書法家之首，一個武術家、神槍手。其實，他本質上是一個十足的紳士，一個中國政壇歷史上的悲情英雄。

湖湘才俊陳天華、姚宏業的投水殉國，舉國震驚，其家鄉長沙則由禹之謨、寧調元組織了一場盛大的公葬，萬人空巷，麓山為之縞素。這場英雄葬英雄的史實，洋溢著惺惺相惜的動人的浪漫氣息。五年後，禹之謨亦歸葬於此，與陳、姚墓為鄰，一起靜靜地俯視這大千世界的風雲變幻。

這是一場由「草根英雄」龔春台領導、三萬老百姓參加的異常慘烈的起義，「黑手高懸霸主鞭」，第一次以「中華民國政府」的名義，發布〈中華國民軍起義檄文〉，「必建立共和民國，與四萬萬同胞享平等之利益，獲自由之幸福」。恨東風不借，世間英物！

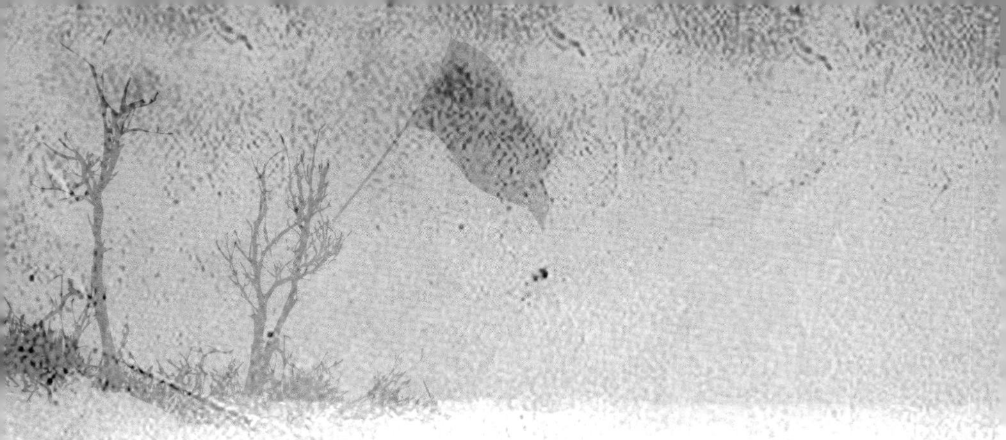

第六章　搶米！搶米！搶米！……189

長沙「搶米」風潮頗為奇特，突兀而來，雷霆萬鈞，風雨如磐，主角竟是市井百姓草根眾生，抗爭的核心問題竟只是為了微芥之米。以草根小民爭微芥之物，而竟演變成為中國近代史上的重大歷史事件，成為清朝覆亡、民國建立前最大的一次民變，實為古今一大奇事。

第七章　於無聲處聽驚雷……229

湖南反正成功，焦達峰做了十天都督就被叛軍殺害，那一天離他二十五歲生日還差十六天。後來，焦達峰歸葬嶽麓山，同鄉劉人熙為他撰題了一塊「瀏水墮淚之碑」。這是嶽麓山所有墓碑中最自由奔放的一塊。生性散淡而有江湖氣的焦達峰，在天國一定會喜歡的。

第一章

彼時彼地——「前十年」的以前

一九一一年以前的華夏腹地長沙，就已經「不同凡響」了。種種原因促成了從辛丑（一九〇一）至辛亥（一九一一）的演進。而如果還要向上考究，這「前十年」以前，這塊土地的種種異象，就已經預示了這裡「會出大事」。

一

一九〇一年，長沙。當時是清光緒二十七年，辛丑。

民謠說：「瀏陽河，彎過了九道灣，五十里水路到湘江。」波光粼粼的瀏陽河，蜿蜒曲折，在長沙的東北面拐了一個大彎，匯入波濤滾滾的湘江。瀏陽河的西岸，就是屋宇鱗次櫛比的古城長沙。

長沙地處華夏腹地，是湖南省的省城。

長沙作為地名由來已久，《逸周書・王會篇》所載上獻周天子的貢品中就有「長沙鱉」的名目。《逸周書》成於春秋之世，方物以地為名，可見當時長沙於神州宇內已是很有名氣的地方了。以後，《戰國策・趙策》有「長沙之難」的記載，湖北荊門發掘的包山二號戰國墓的竹簡中也有「長沙公之軍」的記載。因此，晉代學者羅含《湘川記》就審慎地說：「長沙之名始於洪荒之世，而以之為鄉、為郡，則在後世耳。」

這裡處於湘中丘陵與洞庭湖沖積平原過渡地帶和湘瀏盆地，城區則夾在湘江和瀏陽河交匯的谷地，西邊是雄壯的湘江，東邊是秀麗的瀏陽河。有人原其名，長沙也者，是一片狹長的沙土地帶。此說雖失之無據，結合地貌來看，倒也貼切有趣。

至於作為治所，秦稱「湘縣」，漢稱「臨湘」，晉稱「湘州」，唐宋稱「潭州」。宋元符元年（一〇九八），從長沙縣南析置善化縣，取「善邑」與「教化」之義。明清兩朝長沙府轄十二縣州，長沙城為長沙府及長沙、善化兩縣的治所。清康熙三年（一六六四）兩湖分藩，長沙即為湖南省城。

長沙的舊城牆是西漢長沙王吳芮修築，磚土為基，明初改築石基。清朝徐勇、洪承疇全然不念故主舊恩，將明吉藩城磚拆下來，加高加厚城牆。到了咸豐年間，太平軍圍了長沙，在南門一帶猛力攻城，掘地道放地雷亂炸，將晏家塘、魁星樓等處的城基弄得千瘡百孔。後來經過駱秉章、劉琨等撫臺前後重修，才復原貌。到一九〇一年，從現存的天心閣照片看，長沙城還是頗為壯觀的，周圍二千六百三十九丈，廣五里，長十里。當時有俗諺云：「南門到北門，七里又三分。」應該是民間相當精確的丈量。全城原本有九個門，東邊是小吳門、瀏陽門，南邊是黃道門，西門因便於水運，有德潤門（小西門）、驛步門（大西門）、潮宗門、通貨門四門，北邊有湘春門、新開門。到一九〇一年後，東北角又新開了經武門。舊時所謂城池，有城便有池，池就是繞城的便河，俗稱護城河。城要高，池要深，叫做「金城湯池」，「固若金湯」，別人才不容易打進來。長沙繞城也有便河，我小時候還經常到湘春路外側的便河邊去遊玩哩。

舊時長沙、善化兩縣將省城各據一半，據說明代長沙的藩王府很大，有「半城王府」的說法；又設有長沙衛，掌理兵事。城外疆土歸長善兩縣分管，城內卻半屬王府半屬軍衛。萬曆四十年，城內出了盜案。長、善兩縣都沒有權管，藩衛兩處卻互相踢皮球，於是，才知道街道非劃歸地方官專管不可。這以後就將居民各編保甲，都受知縣管制，藩衛不能干涉。地方則由長、善兩縣各管一半。到一九〇一年時，大約由大西門進城，經永豐街、皇倉街、萬壽街、萬福街、息機園、石樂私巷，出東長街，入大官園，至落星田，抵瀏陽門下、小吳門以上，南屬善化，北屬長沙。

那時候長沙城還沒有通鐵路，交通主要靠上接沅、澧，下通洞庭的湘江。市內交通還沒有黃包車，主要靠坐轎子。一乘小轎，兩個轎夫，健步如飛，吱吱呀呀地不要兩個時辰就可以做一回「九門提督」，遍遊長沙九門。當然這是紳士的生活。

民國後我的外祖父永湘公就經常坐著轎子，往來於湖南大學和藝芳中學間趕課。街道都是用麻石鋪設，那石料來自湘江下游的丁字灣，我記得小時的童謠就有「丁字灣的麻石，五百年長一寸」的說法。蓋房子則用銅官等地燒就的一色的青瓦，如果站在天心閣等高處瞭望，長沙城黑壓壓一片，「黑雲壓城」，間以炊煙嫋嫋，給人一種寧靜厚重之感。

這在當時是華夏一座不起眼的中等城市。

然而，長沙在中國近代史的進程中突然能量大釋放，石破天驚，散發出耀眼的光芒！

當時有一個傳說，在十九、二十世紀之交，領玉皇大帝鈞旨，很多星宿都投生於長沙這方圓百里之地，亦即舊轄十二縣州的長沙府域，故而真正稱得上人傑地靈。政治家如郭嵩燾、瞿鴻禨、譚嗣同、唐才常、沈藎、黃興、楊毓麟、劉道一、禹之謨、譚延闓、楊度，稍後一點如毛澤東、劉少奇、任弼時、徐特立、何叔衡、李富春、柳直荀、郭亮、蔡和森、李立三，龍虎風雲，扭轉乾坤；軍界人士如曾國藩、左宗棠、胡林翼、孫武、馬福益、龔春台、焦達峰、陳作新、何南薰、余昭常、黃鉞，稍後一點如彭德懷、左權、黃公略、蕭勁光、楊得志、張輝瓚、葉開鑫、魯滌平，將星閃爍，凜凜生威；如果還要列出學界百工技藝的人才，如皮錫瑞、張百熙、王闓運、黃自元、王先謙、劉人熙、歐陽中鵠、葉德輝，稍後一點如齊白石、「黎氏八駿」、高希舜、田漢、周谷城諸人，則將是一個長長的名單了……

不過，本書所敘的緣起是辛亥前十年，一九〇一年，光緒二十七年辛丑。

二

其實，細細想來，一九一一年以前的長沙，就已經「不同凡響」了。種種因素促成了辛丑（一九〇一）至辛亥（一九一一）的演進。而如果還要向上考究，這「前十年」以前，這塊土地的種種異象，就已經預示了這裡「會出大事」。

現在且簡略地回顧辛丑前圍繞長沙發生的幾樁大事。

先是湘軍集團的崛起。

十九世紀的中國處在內憂外患之中。鴉片戰爭清朝戰敗以後，割地、賠款、開埠通商，鴉片流毒全國，人民災難深重。湖南更因連年水災，潰堤淹屋，哀鴻遍野，「長沙城內，乞丐沿途皆有」（張其昀〈瀟湘夜雨〉，《國風》一九二三年四月）。因此，湖南各地都先後有群眾揭竿而起，奮起反抗。其中雷再浩、李沅發領導的會黨起義，規模大，影響深，雖然最後還是被清軍鎮壓，但沉重地打擊了清王朝的統治，推動了各地會黨群眾反抗活動的發展。

李沅發起義失敗後不到一年，一八五一年一月十一日，平地一聲雷，在廣西桂平縣金田村爆發了太平天國起義。這次革命歷時十四年，縱橫十八省，將平民戰爭推向了最高峰。

因為湖南民眾紛紛響應起義，故太平軍在湖南如魚得水，四進四出，尤其是咸豐二年西王蕭朝貴飛襲長沙，攻城八十一天，打得清王朝風聲鶴唳，魄動魂悸。

說實在話，太平軍前期的勝利進軍與對手的孱弱有關。前期，清廷的鎮壓力量主要是綠營、八旗。綠營、八旗兵制，採取的是世兵制，弁兵父子相承，世代為業。由於長期無戰事，營中多空缺，而各級軍官往往虛報兵額，賺吃兵餉。清中葉以後，綠營中腐化不堪的現象已是非常嚴重，羅爾綱《綠營兵志》歸納為鑽營、奉迎、取巧、油滑、偷惰、克扣、冒餉、窩娼、庇盜、開賭場、吸鴉片等弊病。至於武備廢弛，更是相當嚴重。長沙碩儒王先謙《東華錄》就記載，在皇帝檢閱的會操中，綠營兵「射箭，箭虛發；馳馬，人墮地」，「其能知紀律，陷陣衝鋒者，寥寥無幾」。這樣一支既不能騎馬射箭，又不遵守軍紀的軍隊的戰鬥力可想而知，終於在太平天國戰爭中得到了總曝光。戰爭前期，太平軍橫衝直撞，綠營兵望風奔潰，被打得靈魂出竅，清帝國也變得岌岌可危。

一八五三年一月，當太平軍兵臨武昌時，清廷詔令因母歿回籍守喪的侍郎曾國藩幫同辦理湖南團練。先此，新寧縣令江忠源、生員劉長佑也創立楚勇，與太平軍作戰。這樣，曾國藩糾集彭玉麟、胡林翼，加上左宗棠、劉錦棠部，創辦了清末最凶悍的地方武裝——湘軍。

曾國藩、左宗棠發跡前都只是小地主，左的父親還要開私塾教書以維持生計。我母親的曾祖父劉長佑、族祖父劉坤一家中做過木材生意和豆腐作坊，兩人都是生員；我的高祖父陳士杰也是湘軍將領，曾做過山東巡撫，是苦讀中舉，家境尤為貧寒。應該說，他們都是讀書人，走出書齋以前，他們都沒有軍事歷練，但作為知識分子，他們有追求。一方面，他們對清末的衰落，對豪強兼併、官吏腐敗的現象極為不滿，希望能恢復和建立封建「盛世」時代的經濟和社會秩序。另一方面，面對日益熾烈的平民反抗運動和武裝起義，他們又深感不安，擔心起義會釀成全國性的暴動，危及封建統治。於是，他們以師友道義相激，投筆從戎，走出了書齋，終於爆發出人生最大的潛能。正如後來辛亥志士楊毓麟在《新湖南》中所說：「咸同以前，我湖南人碌碌無所輕重於天下，亦幾不知有所謂對於天下之責任。知有所謂對天下之責任者，當自洪楊之難始。」

曾國藩冷靜地評價了當時「見敵如鼠，見民如虎」的綠營兵：「往往見驚逃潰而未聞有與之鏖戰一場者；往往從後尾追而未聞有與之攔頭一戰者；其所用兵器皆以山炮鳥槍遠遠轟擊，未聞有短兵相接、以槍鈀與之交鋒者。」（《曾文正公奏稿》卷一）因此，曾氏治軍改弦易轍，其招募、訓練、營制、戰略戰術方面都與綠營兵迥然不同，從而使湘軍具有較強的戰鬥力。從一八五四年二月到一八六四年天京陷落，湘軍與太平軍前後進行了十年的戰爭。在這場生死較量中，湘軍自始至終表現出其凶悍的反革命氣焰，是鎮壓太平天國的一支勁旅，最終將轟轟烈烈的平民大起義扼殺下去。

湘軍鎮壓太平天國，「中興」清室的「奇蹟」，也養成了湖南士人指劃天下、物議朝野的倨傲強悍之風，因此延及甲午戰爭前後，湖南士人躊躇滿志地抒發了這種以天下為己任的萬丈豪情：

振支那者唯湖南，士民勃勃有生氣，而可俠可仁者唯湖南。（《唐才常集》，中華書局一九八〇年版，一七八頁）

萬物昭蘇天地曙，要憑南嶽一聲雷！（《譚嗣同全集》，中華書局一九八一年版，四九〇頁）

湖南，天下之中，而人才之淵藪也……其可以強天下而保中國者，莫湘人若也！（《飲冰室文集》第二冊，六六頁）

至於長沙，是湖南省垣，曾國藩、左宗棠、胡林翼的家鄉都在這方圓百多里的府屬十二縣之內。劉長佑、劉坤一雖僻處新寧，但劉長佑在嶽麓書院潛心攻讀十一年，長沙當然也是他們的活動舞臺。這以後關於湘軍名臣的建築如曾文正公祠、左文襄祠、劉武慎公祠、通泰街胡文忠公五福堂、營盤街楊岳斌公館、蘇家巷李朝斌公館、局關祠魏光燾公館、府後街曾國荃公館等等，一幢幢威嚴的建築，遍布全城，夕陽下閃耀著熠熠的輝光，隨時煽動著湘人心底隱祕而驕傲的火焰。

更為可怕的是，在長沙的街巷，在三湘的鄉野，一個簡單的推理被老百姓竊竊私議：就像三個小孩打架玩耍一樣，甲打得過乙，乙又打得贏丙，甲打丙當然不在話下；清朝打不過太平天國，太平天國又打不過湘軍，那麼，假如湘軍打清朝呢？不要講出口了！簡直是新版《推背圖》！

接著是百日維新。

光緒二十年甲午（一八九四）六月二十三日，日本軍艦在朝鮮半島海域擊沉中國運兵船「高升號」，中日戰爭爆發，史稱「甲午戰爭」。讓大清帝國始料不及的是，清軍一觸即潰，節節敗退，而日軍揮師猛進，八月十七日，平壤失陷。淮軍統帥衛汝貴出征後其妻寫信給衛說：「望善自為計，勿當前敵。」衛汝貴果不負妻望，在平壤一開仗，就棄城逃跑，狂奔三百里，七八天後才找到清軍大隊。後日本人於戰利品中得此家書，視為奇聞，一度放入教科書中示眾。十八日，黃海大海戰，北洋水師慘遭巨創。九月下旬，日第一軍渡過鴨綠江，攻入中國東北，並連陷九連城、鳳凰城。同時，日第二軍在遼東半島登陸，攻陷旅順。十一月中旬，日第一軍攻陷海城。此後日軍又攻陷蓋平，登陸山東半島，踏破榮城。數月之間，清軍海上、陸上皆一敗塗地，李鴻章的淮軍更是被打得七零八落。清政府無可奈何，企圖重溫「中興名臣名將」的舊夢，起用聲名赫赫的老牌湘軍，挽回頹勢。時任湖南巡撫的吳大澂更是滿懷豪情，主動請纓破日。清政府遂重新起用湘軍舊將魏光燾、陳湜、李光久、余虎恩等，參戰湘軍共達二十餘營，並於天津設立湘軍東征糧臺，由藩司陳寶箴主持。十二月初，光緒又任命湘軍大帥、兩江總督劉坤一為欽差大臣，督辦東征軍務，節制山海關內外各軍。吳大澂還在長沙設立「求賢館」，延攬將才。湖南士人慷慨激昂，以為挫敗「倭寇」非「湘軍」莫屬，湘軍宿將後裔紛紛投筆從戎。一時間，湘軍又成了清朝的救星，全國上下都對其寄予了厚望。然而，時過境遷，湘軍早已不是咸同年間的勁師悍旅，敵方也非復大刀長矛的太平軍。在近代化武裝的日軍的堅船利炮面前，才六天，湘軍就被打得脾氣全無。一戰牛莊，二戰營口，三戰田莊台，兵敗將逃，艦毀人亡，邸報飛傳，朝野驚恐！一個面積不及中國三十分之一，人口不及中國十分之一的島國，竟然將漢唐威儀康乾盛世的光環剝離得七零八落。清政府被迫求和，甲午戰爭最終以中國割地賠款而結束。

「世間無物抵春愁，合向蒼溟一哭休。四萬萬人齊下淚，天涯何處是神州？」（譚嗣同）喪師失地繼之以城下之盟，戰敗的奇恥大辱，使全國民眾憤慨痛心。其對湖南士子心靈的撼動尤為獨特，更是其他省區所沒有的。

有學者指出，人們在遭受嚴重的挫折時，可能產生兩種心理變化：一是消沉失望，厭棄人生；一是痛定思痛，在失敗的刺激中迸發出新的更強烈的進取心，奮起救贖。因為地理、血統、移民等多種原因的結合，「楚俗剽悍」，湖南人自古以來即形成強悍剛烈的性格，「打碎牙，和血吞」，當然屬於後者。原先以為自己可以拯救天下的湖南士人，這時心理卻產生了兩個階段的變化。起初是對戰爭的失敗有一種沉重的負罪感，《湘報》九十四號就歎喟：「甲午的敗仗，實是我們湖南人害國家的！」後來，則在原罪的強刺激下，更強化了拯救國家與民族的責任心和自信心，〈湖南時務學堂緣起〉一開始就宣言：「吾湘變，則中國變；吾湘存，則中國存」，充滿了「救中國從湖南始」的殉道氣概。

於是，長沙的各界士紳長歌當哭，慷慨陳詞。

痛乎西人訕我，詬我，病夫我，曰頑鈍與無恥，曰痿痹不仁，曰無教之國，何其悍然不顧平等之義至斯極也？（唐才常〈論熱力〉）

中國不昌，吾死不瞑！（田邦旋語，見《自立會史料集》嶽麓版，第二八二頁）

悲夫！怨夫！……海水橫飛，甌脫瓦裂，束手待斃！（樊錐〈開誠篇三〉）

當時在長沙城內，無論維新派還是守舊派，在救亡圖存這個問題上還是認識一致的。如住在城北荷花池，當時任嶽麓書院山長、日以「證史箋經」為務的王先謙，以守舊著稱，也開諭生徒看《時務報》，說《時務報》「議論精審」，且「足開廣見聞，啟發志意，為目前不可不看之書」。他還給學生訂閱了《時務報》，每兩齋共閱一份，令管書齋長分發。

對於長沙城內這種氤氳的氣象，唐才常的解釋是很中肯的，他在〈論熱力〉（下）中說：「湖南於十八行省中，以守舊聞天下也，今乃遽然大覺，煥然改觀……何前後之歧異至於如此？曰：昔之守舊也，非有他也，憤吾國之不強，而張脈僨興也。今之求新也，亦非有他也，求吾國之必強，而赤誠相與忠愛纏綿也。」守舊派當然是忠君愛國的，因為愛國，王先謙們可以參加南學會，可以嘔心瀝血地創設寶善成製造公司；而一旦有人試圖推翻君主，他們就對新派鳴鼓而攻，瘋狂掙扎。當然，這是後話了。

記得甲午年間，黃慶澄《東遊日記》把湖南民氣比喻為「堅於鐵桶」，說「雖可嫌，實可喜」。正是這種對大事小事都堅忍認真的民氣，將湖南士子因甲午湘軍戰敗的震醒，導向於具有資本主義性質的維新運動。

恰好這個當口，光緒三十一年七月，陳寶箴任湖南巡撫，與早此一年就任的學政江標密切配合，大力推行新政，以後加上黃遵憲、徐仁鑄的陸續調入，湖南省政領導面目一新。

陳寶箴（一八三一～一九〇〇），字右銘，江西義寧人，舉人出身。歷任浙江、湖北按察使，直隸布政使。《馬關條約》簽訂後，他深憂國是，曾上疏痛陳時局利弊。故而他走馬上任湘撫，即銳意革新，興利除弊，慨然以開辦新政為己任，「興礦力、鑄銀圓、設機器、建學堂、豎電線、造電燈、引輪船、開河道、製火柴，凡此數端，以開利源，以塞漏卮，以益民生，以裨國勢」（《湘學報》第三十二冊，光緒二十四年三月十一日）。湖南迅速成為「談新政者，輒以湘為首倡，治稱天下最」的省分。（見吳宗慈〈陳三立傳略〉）陳寶箴也被光緒帝倚為「新政重臣」。

應該說，我家與陳家是有淵源的。外家曾祖、洋務派重臣劉坤一曾是陳寶箴的上司，陳寶箴的孫子陳寅恪教授與我的伯外公劉永濟教授是生死至交，我的姨媽至今與陳寅恪教授的女公子來往甚密。兩家往來，我曾在〈論陳寅恪詩文中的長沙「舊巢」情結〉一文中交代。（見陳書良《藝文考槃》，海南出版社，二〇〇三版）我從小住在長沙通泰街，我家斜對面就是陳府的舊地——蛻園，陳寅恪教授曾戲稱此處「風水亦不惡」。此外我一生服膺陳寅恪先生「獨立之精神，自由之思想」的治學精神，此處不贅。陳寶箴當年撥銀一萬兩創辦的「和豐火柴股份公司」，俗稱洋火局，就在現在開福區文昌閣、十間頭一帶，於民房群落中，少年時的我還尋訪得到幾段舊牆垣。前塵舊影，令人低徊。

就在維新運動前夕，兩位草野之士從長沙東北的瀏陽走到了時代大舞臺的臺前，他們就是譚嗣同和唐才常，世稱「瀏陽雙傑」。

譚嗣同（一八六五～一八九八），字復生，號壯飛，瀏陽人。其父譚繼洵，官湖北巡撫。現在瀏陽市內還保留有氣象恢宏的大夫第。譚嗣同幼年從師歐陽中鵠，受其影響，對王船山的學術與氣節非常推崇，對當時傳入中國的自然科學也有著極大的興趣。

譚嗣同從小失去母親，其後母對他極為虐待，因而自幼「私懷墨子摩頂放踵之志」，悲天憫人。他少年時隨父至蘭州任所，時常縱馬荒漠，逐鷹狩獵。有一次，他獨自一人在雪野奔馳七晝夜，行走一千多里，在渺無人跡的山谷荒野疾馳，以至「髀肉狼藉，濡染褲襠」，亦毫無懼色。譚嗣同思想驚世駭俗。伊藤博文從英國留學歸日，大倡優化種族之論，認為黃種人荏弱不堪，不及白種人遠甚。他當政後，即實施「謀種」政策，凡歐美白人入其境內，輒鼓勵日本女子與其野合，以改良種族。譚嗣同對此十分羨慕，但亦知此法斷然難行於中國，他曾作詩歎謂：「娟娟香影夢靈修，此亦勝兵敵愾儔。驀地思量十年事，何曾謀種到歐洲？」附帶說一下，三十年之後，何鍵離任湖南省主席前，斷的最後一個案子是：下令槍斃了一個婦女，理由是她竟然嫁給日本商人為妾。那日本人已經撤僑回國，而他的中國「小妾」不僅有「通敵罪」，且有辱中國女性的民族氣節，所以罪不可赦。於此可知譚嗣同思想之激進。一八九六年三月譚嗣同先後到北京、上海、天津等地，結識了「心儀」久之的康有為與梁啟超，感到與他們的維新變法思想「十同八九」。

唐才常（一八六七～一九〇〇），字伯平，號紱丞，後改佛塵。從小生活在瀏陽，與譚嗣同同師歐陽中鵠，讀書稟賦驚人，有神童之稱，曾以縣、府、道三試冠軍入泮（俗稱小三元及第），性情忠厚。譚、唐兩家隔街相對，論輩分，譚嗣同是祖輩，所以，唐才常稱譚嗣同為「七丈」。後來，譚嗣同自己關進書齋撰寫日後成為維新運動重要理論著作的《仁學》。唐才常則在兩湖學院讀書，在兩年時間完成了十二篇論文，內容涉及國學、外交、軍事、法律等，是「古文通而精，西藝廣而深」的不折不扣的才子。

甲午驚雷打破了這兩位年輕人平靜的書齋生活。他們回到家鄉，投入轟轟烈烈的維新運動中去。

「天下興兵討董卓，長沙子弟最先來。」湖湘子弟的膽識，在於敢為人先。此時，長沙已聚集了一批積極擁護維新變法的士紳和學者，改革大師梁啟超也移幟長沙。在江標的提議和贊助下，湖南創辦了第一份新式報紙《湘學新報》（後改名《湘學報》）。後來，又由熊希齡召集士紳捐資，陳寶箴批准撥官款津貼，推唐才常為主編，梁啟超、譚嗣同等為主要撰稿人，另辦了《湘報》。《湘報》於一八九八年三月七日創刊，為湖南有日報之始，每日一大張，以「開風氣，拓見聞」為主旨，內容分論說奏疏、電旨、公牘、本省新政、各省新政、各國時事、雜事、商務八類，宣傳救亡之法，宣導變法改制，言辭十分激烈。

譚嗣同、唐才常、熊希齡等人還在陳寶箴的支持下，籌辦了南學會。南學會集會的主要場所是天心閣。天心閣在長沙可說是無人不曉的地標式建築，此閣始建於明代萬曆年間，初為觀星象的靈臺。當時的星象家以為這裡地勢高峻，地脈隆起，所謂「巽龍入脊，文治之祥也」，上應天心，為文運昌隆之祥兆，於是在城牆上建

「天心閣」以應之。清乾隆十年，著名的城南書院就建在天心閣下。此處地勢很高，登閣可俯瞰全城，清末學者黃兆枚題聯云：「四面雲山都入眼，萬家煙火總關心。」當年參加南學會活動的唐才常觸景生情，曾作七絕〈登天心閣〉：

湘江一碧水如油，萬里雲山古翠浮。
未必儒生逢世難，悲涼不是杞人憂。

前兩句描述了長沙美好的自然景象，後兩句像是一問一答，試問蒼天「逢世難」，同時又自我回答：「不是杞人憂」，充分表現了作者強烈的憂患意識。

南學會開講時，經學大師皮錫瑞講課，熊希齡親自為其搖鈴。當時頑固派氣急敗壞，曾作聯醜詆為：「鹿皮講學，熊掌搖鈴。」

此一段風流時世，尤其值得大書特書的是長沙時務學堂。

光緒二十二年（一八九六），巡撫陳寶箴得知譚嗣同等人宣導成立新式學堂，立即批准立案，並親自命名為「時務學堂」。次年八月招考，第一批投考者達四千餘人，從中錄取了四十名。因為比京師大學堂（今北京大學）的成立還早一年，所以有學者認為時務學堂足當「中國近代第一所大學」之稱。

陳寶箴委派熊希齡為時務學堂提調（校長），負責行政事務。黃遵憲介紹廣東同鄉梁啟超任中文總教習，李維格任西文總教習。歐榘甲、韓文舉、葉覺邁、唐才常等任中文分教習，王史等任西文分教習，許應垣任數學教習。這些教師不僅都是飽學之士，而且大多思想激進，是晚清變法的重量級人物。

時務學堂的教學內容熔中、西學為一爐，包括經、史、諸子和西方的政治法律與自然科學。功課分博通學和專門學，前者包括經學、諸子學、公理學、中外史志及粗淺的格算；後者包括公法學、掌故學和格算學。學生先學普通學，後學專門學，按日做課業劄記，定期繳呈教習批改。師生們反覆鑽研今文經說的微言大義，日夕講論維新變法的妙想宏圖。當時曾在時務學堂學習的蔡鍔，也曾回憶說：「開學幾個月後，同學們的思想不知不覺就起劇烈的變化，他們像得了一種新信仰，不獨自己受用，而且努力向外宣傳。」（〈蔡松坡遺事〉，見《晨報．蔡松坡十年周忌紀念特刊》）

校長熊希齡為時務學堂題寫了一副楹聯，聯云：三代遺規重庠序，九州奇變說山河。上聯點明重視教育、培育人才是中華民族的傳統；下聯既指帝國主義侵略中國，山河將為之變色，又指為拯救國家，必須改革變法。的確，時務學堂培養出來的學生，有的殉難於自立軍運動，如林圭、李炳寰等；有的在反清革命活動中死難，如秦力山等；有的則成為中國近代史上叱吒風雲的人物，如蔡鍔。據梁啟超在民國元年歸國演說辭中說：「予在時務學堂雖僅半年，所得高材生甚多。自我亡命赴日，一班四十人有十一人隨我俱去；後唐先生才常在漢口實行革命，十一人中死難八人！」自稱「多淚善辯之人」、多愁善感的梁啟超歎息說：「（四十名學生）十餘年來強半死於國事，今存五六人而已。」這「五六人」中還包括後來知名的教育家范源濂、楊樹達等人。

時務學堂原租賃小東街周桂午房產，停辦後周的兒媳將宅第租給湘潭人言某辦起了「泰豫旅館」。一九二二年八月三十日，時任金陵東南大學教授的梁啟超應湖南省長趙恆惕之邀來湘講學，次日在鄉紳李肖聃陪同下尋訪時務學堂故址，在學生蔡鍔住過的宿舍內佇立良久，百感交集，泣不成聲。旅館言老闆請梁題詞留念，梁揮毫題寫了：

時務學堂故址，二十六年前講學處，民國壬戌八月重遊泐記 梁啟超

抗戰勝利後，湖南商會會長陳雲章教授向周桂午後人買下小東街大片土地，在時務學堂廢墟上建起了三層洋房「天倪廬」和「松坡讀書處」。恰巧言老闆的兒子言澤坤與陳雲章是湖大預科班的同學，陳雲章用四十石米購得梁啟超墨寶，現已將其鐫刻在時務學堂紀念碑坊上。我自小追隨世丈陳雲章先生論學，多次參加時務學堂故址的雅集。現在雲老已駕鶴西歸，時務學堂百一亭俄羅斯紅松木柱楹上還鐫刻著我的題聯：百代縈思，佳人屐齒，碩彥遊蹤，依約雲龍風虎；一亭獨眺，巷陌參差，湘波容與，銷磨月夕花晨。邊款是：良昔於天倪廬追隨雲章世丈諸耆舊談讌論學三十年，誠人生至樂也！今日過此，得無黃壚之歎乎？己丑春月陳書良。

至今，每當走過天倪廬，我的心頭都掠過一絲淡淡的憂傷。

如果說戊戌變法的主角是廣東人康有為和梁啟超，那麼謝幕的英雄非「長沙子

弟」譚嗣同和唐才常莫屬。說句不恰當的比喻，康、梁是戊戌變法的腦，譚、唐則是戊戌變法的膽！

戊戌變法失敗後，逮捕維新人士的命令傳來，譚嗣同送梁啟超到日本使館，由於不懂日文，只好與日人筆談。譚嗣同寫道：「梁君甚有用，請保護之。」日人寫道：「君亦應留此。」譚嗣同一笑置之。其時，梁啟超面如土色。譚嗣同毫無懼色地對梁啟超說：「吾已無事可辦，唯待死期耳。」他說：

各國變法，無不從流血而成，今日中國未聞有因變法而流血者，此國之所以不昌也。有之，請自嗣同始！

戊戌年八月十三日，不滿三十五歲的譚嗣同與楊銳等六人在北京菜市口英勇就義。與譚嗣同亦師亦友的胡七在〈譚嗣同就義目擊記〉中詳細描述了譚嗣同被捕前和就義時的情形，使人有身臨其境之感。其中有這樣兩段文字：

刑部案發生，西后懿旨將下時，我們早一天打聽得明明白白。當晚我跑到瀏陽會館送信說：「懿旨一下，人馬立即發動；人馬一發動，你就插翅難飛！」譚先生聽了這個驚人的消息，若無其事地把紅漆枕頭箱打開，裡面藏著七封家書——他父親寄來的信。他摹仿父親的手筆，寫好一封假信就燒掉一封真信，只留信封不燒，把假信套在信封裡面，每封假信都寫著父親訓斥兒子的內容。

我站在王麻子的屋頂上，那裡黑壓壓擠滿了看熱鬧的人，臉上都露出非常淒慘的顏色。頭一刀殺康廣仁，輪到第五刀，天哪！才輪到我們譚先生的頭上。前清殺官員的刀和殺貧民的刀不同，官越大刀越鈍。那天用的刀叫什麼「大將軍」，一刀飛去，鮮血汩汩然冒出，腦袋還裝在頸脖上哩。這不叫砍頭，叫鋸頭，鋸頭比砍頭的痛苦要添上幾十百倍的。而對這痛入骨髓的慘狀，第五個受刑的譚先生，一直是若無其事的樣子。

譚嗣同被捕後，還用從地上拾起的一塊煤屑，在獄牆上寫下了一首千古絕唱：

望門投止思張儉，忍死須臾待杜根。
我自橫刀向天笑，去留肝膽兩崑崙。

詩中的「兩崑崙」究係何指，論者多有歧解。梁啟超認為「兩崑崙」指康有為和大刀王五；有人認為指譚嗣同自言生也崑崙，死也崑崙；有人據古代謂僕人為崑崙奴，認為「兩崑崙」指譚的兩個僕人；有人認為「兩崑崙」指大刀王五和拳士胡七，因兩人都曾教過譚嗣同學習崑崙派武術。我以為，以上諸說均無典無據。「僕人」說雖涉及崑崙奴，然終落皮相，崑崙派武術更是荒謬可笑。

我也同意「崑崙」意指崑崙奴。然而我的根據不僅是裴鉶傳奇《崑崙奴》以及由此敷衍出來的元明雜劇，我以為從傳奇、雜劇並不能鉤稽出「崑崙」的語源屬性。譚嗣同的「兩崑崙」應出自敦煌佛曲《維摩詰經演義》。

譚嗣同在學術上出入孔佛，且佛學造詣極深，這在其重要著作《仁學》中即可體現。

敦煌佛曲《維摩詰經文殊師利問疾品演義》云：「骨侖獅子前後引。」根據陳寅恪〈敦煌本《維摩詰經文殊師利問疾品演義》書後〉考證，「骨侖」即崑崙之謂，可知「骨侖獅子前後引」是說追隨文殊菩薩前後左右的兩個崑崙奴。這應該是譚詩「兩崑崙」的語源。

根據唐釋慧琳《一切經音義》卷六一，可知唐宋時代的崑崙奴是一群與「胡旋女」、「高麗婢」並稱的外來人眾。至於崑崙奴的屬性，有兩點似可注意。其一，臨事不逃逸。宋朱彧《萍州可談》就說過，崑崙奴「性淳不逃徙」。其二，崑崙渡海。宋賾藏主編集《古尊宿語錄》卷三八，記襄州洞山守初禪師語錄云：「崑崙渡海誇珍寶，波斯門下騁鬍多。」我以為：「去留肝膽兩崑崙」句中所謂「去」與「留」者，皆就崑崙奴屬性生發，一就渡海言，一就不逃逸言，字字皆有出處。顯然，譚嗣同是「不逃逸」的「留」的崑崙奴，然而「渡海」而「去」的崑崙奴何指呢？我以為是指的唐才常。理由是：

一、譚、唐兩人終生為生死之交。當年梁啟超向譚詢及誰為友人，譚答以：「二十年刎頸交，紱丞一人而已。」他在另一封信中，也說自己與才常「刎頸交也。其品學才氣，一時無兩。平日互相勸勉者，全在『殺身滅族』四字」。足見兩人肝膽相照，生死以之。二、譚嗣同寫此詩時，唐才常亡命日本。三、譚嗣同就義前兩個多月，在唐才常餞行的宴席上曾口占一絕〈戊戌北上才常餞行酒酣口占〉，全詩不存，殘句為：「三戶亡秦緣敵愾，勳成犂掃兩崑崙。」（見唐才質《戊戌聞見錄》）這是譚嗣同將自己與唐才常喻為「兩崑崙」的鐵證。

此外，按佛曲的描述，文殊菩薩騎獅赴法場，就是用崑崙奴二人為侍從的。譚既將自己與唐比為崑崙奴，則意中的菩薩當然就是光緒皇帝了。從主僕關係看，比喻也還是貼切的。

以上見解，我在二〇〇三年訪臺時，曾向譚公的侄孫、臺北中華仁學會會長譚恆岳先生談及，他頗表首肯。

唐才常當然沒有辜負死者的期望。維新運動後有自立軍起義，而唐才常是第一主角。

百日維新開始後，譚嗣同受到光緒的重用，擢四品卿銜軍機章京，參與新政。

譚嗣同於是電邀摯友唐才常前往北京，共參新政。唐才常從長沙動身北上，甫至漢口，慈禧發動政變，「六君子」被殺的消息傳來，唐才常極度悲憤，寫詩言志：

滿朝舊黨仇新黨，幾輩清流付濁流。
千古非常事變起，拔刀誓斬佞臣頭！

決計用武裝的辦法來達到變法的目的。

一八九九年冬，唐才常等在上海英租界成立正氣會，後改名自立會。其中堅人物以長沙時務學堂學生和留日學生居多，其中不少是興中會會員。

一九〇〇年六月，八國聯軍大舉侵華，義和團反帝運動不斷高漲。唐才常利用這一時機，組織自立軍。湖南是自立軍力量最雄厚、活動範圍最廣、最活躍的省分之一。唐才常原擬在長沙設立聯絡機關，後因計畫洩漏，才改在漢口設立聯絡機關。

一九〇〇年七月二十六日，唐才常在上海張園發起「國會」，容閎、嚴復、章太炎、畢永年等八十餘人到會，推舉容閎為會長，嚴復為副會長，唐才常為總幹事。會議宣布「國會」宗旨為：第一，「保全中國自立之權，創造新自立國」；第二，「決定不承認滿清政府有統治中國之權」；第三，「請光緒皇帝復辟」。這個宗旨首尾自相矛盾，反映了唐才常等人思想認識的模糊與局限。

自立軍原為七軍，其中秦力山統前軍，駐安徽大通。因沒有協調，秦力山軍於一九〇〇年八月九日起事，孤軍奮戰，堅持六天後，不幸失敗。

其他五路軍的統領都是由湖南人擔任，唐才常為諸軍督辦，統率全軍。唐才常定於八月二十三日發難，但為清軍偵知，未及舉事，即於二十一日晚為張之洞捕捉。同時被捕的還有林圭、田邦睿、李炳寰等。日本人田野桔次記述唐才常被捕時的情景說：「唐君早有覺悟，坦然自若，無難色，軍士入門，笑而受縛。其所學所志所善，亦可見一斑矣。」（《自立會史料集》，嶽麓書社一九八三年版）

審訊時，唐才常主動「交代」，他說：中國的時局一天天惡化，我們是仿效日本社會推翻幕府的做法，以保皇上收復皇權；現在落在你們手上，要殺要剮隨便。

審問官也為這些熱血青年惋惜，於是把案件推給湖廣總督張之洞去辦理。審訊時，張之洞發現捆綁的竟是他在兩湖書院的學生，不忍下手，便故意大聲對屬下說：

十年竣工，這就是現今尚清波不減的新河。新河成為當年長沙北門外一個貨運、商旅集中的碼頭。朱昌琳還建造了占地二十七公頃的私家園林——朱家花園。他本是一個性情風雅的讀書人，所以園林布置得十分雅致，園內松苞竹茂，游絲裊空，平湖碧浪，疊翠成蔭，成為長沙城北一個絕佳的去處。朱昌琳原本是個慈善家，好園子當然不願一人獨享，因此朱家花園是免費對遊人開放的。這一點在當時絕無僅有，同時也可為現代城市管理者借鑑。

民族資本家出現了，新興的資產階級出現了，才能有以後的立憲派，才能有驚天動地的辛亥革命。

然而，辛亥是一場暴力革命，以後又延綿一場接一場的國內戰爭，立憲派最後成了看客，暴力革命似乎成為了推動中國社會進展的「華山一條路」，這難道不是立憲派的悲劇嗎？

以上所敘，作為「辛亥前十年」的楔子，是辛丑以前的長沙的大事掠影。說是掠影，我在寫法上還是注重細節的。我認為，現時有一種讀史的愚頑，有意無意地低調處理歷史細節，一遍遍重複那些自我合法化的邏輯，叫自己有意無意地相信那些以為應該相信的東西。中國有句成語，叫做「蓋棺論定」。意思是說，人的一生就像一齣戲，只有落幕後才能判斷這齣戲的好壞。然而，細細想來也不盡然。辛亥人物譚延闓已經死去了八十多年，各種鞭撻批判冷嘲熱諷哄鬧了半個多世紀，「論定」了沒有呢？歷史人物如此，歷史事件又如何呢？如果讓奸惡竊取令譽，讓賢良背負惡名，天理何在？天道何存？於是，我試圖避開那些高深莫測、千篇一律的教科書，轉而注意父老口耳相傳的佚事，注意那些沒有讓理論規範的細節。細節，就是歷史的血肉。歷史有細節才能鮮活起來。

可惜的是，近半個世紀以來，我們的歷史論著及歷史教科書，已經遺失了太多的細節。

清人袁枚說得好：雙眼自將秋水洗，一生不受古人欺。

第二章

華興公司

青年黃興一襲青衿，飄然東歸，在湘潭茶園鋪岩洞中與「龍頭大爺」馬福益用柴火煨雞，煮酒痛飲，徹夜縱談。在長沙西園僻巷，他會合群英成立華興會。會上黃興慷慨演講，其講演詞有諸葛亮〈隆中對〉之風概，其中「首義」、「起而應之」已經為七年後的辛亥革命所印證，不過由於事態的演變，「湘省」變為「鄂省」而已……

一

一九〇三年秋天，一艘汽輪從漢口港開出，逆長江而上，過洞庭，入湘江，劈波斬浪，向南急駛。船頭站立著一位西裝革履、氣宇軒昂的青年。他就是日後震驚中外的辛亥革命的主將黃興。

不過，這時候他尚未改名為興。他名仁牧，一名軫，號杞園，字廑午，湖南善化縣（今長沙縣）人。父親黃炳昆，號筱村，青年時考取秀才，補府學廩生，起初在本鄉設館授徒，一度擔任過地方上的都總。後來到長沙城裡設館，家境漸寬裕，於是在涼塘購置了田產。

涼塘在善化縣龍喜鄉，即今長沙縣黃興鎮揚托村。此地處平疇沃土，四合大院座西朝東，有青瓦土磚房五十三間，頗有氣派，當地俗稱為「大屋」。

黃興五歲開始從父學習《論語》、唐詩宋詞等，八歲入私塾學習《詩經》、《楚辭》、《春秋》及八股文。到十四歲，轉為居家自修，並學習烏家拳術。二十二歲考中秀才。當年的太平軍啟動了愛國少年的勃勃雄心，據黃興後來追憶：「我革命的動機，是在少時讀太平天國雜史而起。」（李貽燕〈紀念黃克強先生〉，一九三九年十月三十一日西安《西北》）此時民族危機日益嚴重，隨之而來的日益高漲的湖南維新運動，異常活躍的進步知識界，給黃興以很大的影響。尤其是一八九八年，他被長沙嶽麓書院保送到武昌兩湖書院學習以後，書院遵循張之洞「中學為體，西學為用」的辦學方針，教育制度迅速向西方學制過渡。這樣，黃興在這裡接觸了西方的政治學說，並實習軍事，為其以後投身武裝革命準備了條件。他「文似東坡，字工北魏」，是兩湖的高材生。這時的黃廑午，是「瀏陽雙傑」譚嗣同、唐才常十足的粉絲。一九〇〇年夏，他甚至參與自立軍起事。後來，唐才常等遇害，這使「常存亡國亡種之心」的黃興在思想上發生了根本的轉變，經歷了從服膺維新轉向反清革命的歷程。他曾寫〈筆銘〉自勵：「朝作書，暮作書，雕蟲篆刻胡為乎？投筆方為大丈夫！」又作〈詠鷹〉詩一首：

獨立雄無敵，長空萬里風。
可憐此豪傑，豈肯困樊籠？

一去渡滄海，高揚摩碧穹。
秋深霜氣肅，木落萬山空。

不過，儘管「豈肯困樊籠」，他表面上「沉默寡言」、「虛衷慎密」，深藏不露，因而並未引起書院當局的任何懷疑。

一九〇二年，湖廣總督張之洞從兩湖、經心、江漢三家書院選派學生三十餘人赴日本留學，其中湘籍一人，就是黃興。這是他走上民主革命的轉捩點。抵日後，黃興入東京弘文學院速成師範科，與留日學生楊篤生、樊錐、梁煥彝等創辦了《遊學譯編》雜誌，又設立湖南編譯社，介紹西方的社會政治學，宣傳近代民族民主革命思想。革命老幹部李銳同志曾對我說過，他的父親其時亦與宋教仁等在日本留學，他父親說當時日本教科書說，橘子好吃，但橘子產地在哪裡呢？中國。當時的留學生憂國憂民，反清情緒日熾，李老的父親與宋教仁等都剪掉了辮子，然而黃興卻不顯山、不露水。當年同在弘文學院求學的魯迅曾以其生花妙筆在〈因太炎先生而想起的二三事〉中回憶：「黃克強在東京作師範學生時，就始終沒有斷髮，也未嘗大叫革命，所略顯其楚人的反抗的蠻性者，唯因日本學監誡學生不可赤膊，他卻偏光著上身，手挾洋瓷臉盆，從浴室經過大院子，搖搖擺擺的走入自修室去而已。」黃興熱心社會活動，富有組織才能，善於團結同志，成為留日學生中湖南學生和軍校學生的領袖。

關於黃興的領袖氣質與人格魅力，小他七歲的章士釗在〈與黃克強相交始末〉中記敘了切身感受：

> 吾弱冠涉世，交友遍天下，認為最難交者有三人：陳獨秀、章太炎、李根源。但吾與三人都保持始終，從無詬誶。吾持以論交之唯一武器，在「無爭」二字。然持此以御克強，則頓失憑依，手無寸鐵。何以言之？我以無爭往，而彼之無爭尤先於我，大於我。且彼無爭之外，尤一切任勞任怨而不辭，而我無有也。由是我之一生，凡與克強有涉之大小事故，都在對方涵蓋孕育之中，渾然不覺。因而我敢論定：天下最易交之友，莫如黃克強。

一九〇三年，留日學生中的激進分子組織了軍國民教育會，該會決定了三種方法分頭進行活動：一、鼓吹，二、起義，三、暗殺。軍國民教育會對於吸收會員是絕對嚴格的，行動也完全祕密，「開會無定期，會場無定所」，會員的人數不多，活動從未中斷。被軍國民教育會推派回國，到各省去從事「運動」的，叫做「運動員」。黃興自告奮勇擔任軍國民教育會的「運動員」，回湘從事反清革命運動的策劃。

六月初，黃興抵達上海，結識了大批滬、寧地區的新派人士，並遇到了在日本認識的同鄉胡元倓。

胡元倓（一八七二～一九四〇）絕對屬於中國教育史上的奇男子偉丈夫。他字子靖，號耐庵，湖南湘潭人。出身書香世家，幼承家學，曾受教於湘中碩儒王闓運，所以經史學頗有根底，尤其服膺王陽明知行學說，認為「存誠」是立身治事之本。因此後來「樂誠堂」巍然矗立於明德學堂；亦因此，胡元倓晚年自號「樂誠老人」。當然，這是後話了。一九〇二年，湖南巡撫奉命選派生員出國留學，胡元倓不顧守舊派的反對，與朱劍凡、陳夙荒等東渡日本，入東京弘文學院速成師範班學習。在日留學期間，他考察日本明治維新的成功，深感甲午、庚子兩役創痛至深，決心以教育救國、培養人才、復興民族為己任。

一九〇三年初，胡元倓自日本歸國，路過泰興，與任知縣的表兄龍璋商量興辦學堂。

龍璋，字硯仙，湖南攸縣人，出身於一個顯赫的官僚世家，父親龍汝霖做過直隸知州；三叔龍湛霖進士出身，做過刑部右侍郎，是一代名宦。龍璋自幼才華橫溢，在科舉場上追逐功名，每次都鎩羽而歸，差不多二十年才撈了個知縣。不過龍璋結交進步士紳，一直緊跟時代潮流。當下兩人志同道合，認為只有興學才能救國。胡元倓隨即邀龍璋回到長沙，與龍璋的兄弟龍紱瑞（萸溪）先生商議，決定創辦明德學堂。請龍璋的叔父、刑部侍郎龍湛霖為總理，由胡元倓任監督，集資兩千餘元為開辦經費。租賃長沙城北左文襄（左宗棠）祠為校舍，呈請湖南巡撫批准。當年，明德招收中學生甲乙兩班，於三月二十九日正式開學，這是湖南省第一所私立中學。胡元倓是湖南新興教育事業的開拓者，所創辦的明德學堂是湖南最早的新式私立中學，比天津南開大學還早一年。他克服困難，以誠待人，多方羅致人才，延聘水準高、素質好的新學教員，還邀請黃興、蘇曼殊等革命人士來校任教，專從日本請來理化、博物教員。為挽留在日本時的同學陳介任日語翻譯，他長跪不起，在湖南教育界傳為佳話。為了籌措教育經費，他四處奔波，想方設法，經歷了千辛萬苦，甚至招人白眼，被稱為「胡大叫化」。北洋政府內閣總理熊希齡是其老朋友，他常去找熊募款，遇到熊外出未歸，他就自帶被褥睡在熊的家裡等待，不達目的不甘休。當時上海《新民晚報》曾刊載〈詠三湘人物〉打油詩，其中一首云：

四海揚名胡叫化，辦學天天打背躬。
屈膝求師兼募款，南方武訓樂誠翁。

詩中「打背躬」是長沙俗語，意思是日子難過。胡元倓任校長三十八年，募錢萬千，修建校舍二十餘座，其中有當時「全國中等學校之冠」的四層教學大樓「樂誠堂」。自己卻兩袖清風，住在校門口傳達室旁的矮房裡，家無傭人，一切炊灶洗掃，都由夫人動手。平日吃素，有客來時，便添荷包蛋一碟。胡元倓曾言：「吾為校長，以籌措經費、伺候學生、敦請教員為要務。雖九死吾猶未悔矣！」而民國初年，黃興推薦胡元倓任教育總長，胡敬謝不就；後譚延闓「督湘」，又邀其任教育司長，胡「掩耳即走」。

明德弦歌未輟，至今尚存。算來我與明德緣分不淺。其一，伯外祖父劉永濟（弘度）先生當年應胡元倓邀，曾任教明德，並撰《明德學堂校歌》。一九三七年三月十五日，病重的胡元倓給陳介的信中談到校長繼承人之事：「前年曾投書身後交劉弘度，此人極好，但家累甚重，接手必感麻煩，遠不如四侄（胡邁）輕而易舉，弘度可為董事，預商大計畫，而不能為校長。」可見胡、劉相知之深。其二，我與家兄均畢業於明德（當時叫長沙市第三中學），應該算是胡元倓的隔代弟子。

認識到名校須聘名師，於一九〇三年夏天，胡元倓到上海、杭州等地訪求老師來支持他的學堂，恰巧遇到剛從日本回國的黃興。兩人暢談抱負，談到「革命」，胡元倓說：「流血革命危而易，磨血革命穩而難。公倡革命，乃流血事業；我辦教育，是磨血之人。」在他看來，明德學校是「磨血人」的磨子，他希望黃興來明德任教，黃興也欣然同意。同批來明德的還有張繼、蘇曼殊等有識之士。

黃興來明德後，主持速成師範班，旋任博物、體育、歷史等課程教員。黃興「蓄志革命」，本意是藉明德學堂教師之職為掩護，從事革命活動。這一點，他與胡元倓是心照不宣的。因而在講課時，他鼓吹民族思想，以「天下興亡，匹夫有責」勉勵學生。「廑午老師」成為了明德人氣最高的老師。

一九〇三年十一月四日（農曆九月十六日），黃興以三十歲生日為名，邀約陳天華、秦毓鎏、章士釗、翁鞏、周震鱗、陳方度、柳聘農、柳繼忠等十餘人，齊聚長沙保甲局彭淵恂住宅（位於今黃興南路西側坡子街附近），商議籌創革命團體等事項。會上決定成立華興會，但對外聲稱係集股籌組「華興公司」以「興辦礦業」，入會者均稱「入股」，股票即是會員證，並以「同心撲滿，當面算清」為口號，隱寓「撲滅滿清」之意。為籌措經費，黃興、章士釗還特赴泰興拜訪龍璋，「專以此事就商，結果如願以償」（龍伯堅〈龍璋事略〉）。

一九〇四年二月十五日（癸卯年除夕），華興會在長沙明德學堂校董龍璋的西園寓所正式召開成立大會。除龍璋親自與會外，到會者有來自省內外的一百餘人。會上，黃興被推為會長，宋教仁、劉揆一為副會長。為了避免當局注意，該會「對外採用『華興公司』的名義，以半公開的形式出現」（黃一歐〈回憶先君克強先生〉）。

華興會是近代中國革命的重要組織，後來與孫中山領導的興中會、章太炎領導的光復會聯合組成同盟會，不屈不撓，前仆後繼，最終推翻了清王朝的統治，建立了一個民主共和國的「中華民國」。奇怪的卻是，華興會沒有留存任何正式的綱領和章程，但從黃興在成立大會上的演講辭中可以看出，華興會是以「國民革命」、「驅除韃虜」為宗旨的。據劉揆一《黃興傳記》追憶，黃興在演說中分析：

今就湘省而論，軍學界革命思想日見發達，市民亦潛濡默化，且同一排滿宗旨之洪會黨人久已蔓延固結，唯相顧而莫敢先發。正如炸藥既實，待吾輩引火線而後燃，使能聯絡一體，審勢度時，或由會黨發難，或由軍學界發難，互為聲援，不難取湘省為根據地。然使湘省首義，他省無起而應之者，則是以一隅敵天下，仍難直搗幽燕，驅除韃虜。故望諸同志對本省、外省各界與有機緣者分途運動，俟有成效，再議發難與應援之策。

《三國演義》中諸葛亮高臥隆中，劉玄德三顧茅廬，諸葛指點輿圖，已預知天下三分之勢。「只這一席話，乃孔明未出茅廬，已知三分天下，真萬古之人不及也！」這篇演說辭隱然有諸葛孔明〈隆中對〉的風概！其中「首義」、「起而應之」已經為七年後的辛亥革命所印證，不過由於事態的演變，「湘省」變為「鄂省」而已。玩其語意，華興會之追求是與建立民主共和國聯繫在一起的。這樣，華興會從其成立之日起，即是一個具有反帝反封建要求和渴望建立民主共和國的革命團體。

華興會成立後，會員不久即發展到五六百人，絕大多數是學界中人。尤其值得一提的是，吸收了兩尊革命宣傳的「大炮」。

一位是楊毓麟（一八七二～一九一一），字篤生，號叔壬，湖南長沙人，是辛亥革命準備時期頗有名氣的革命活動家和宣傳家。他早年曾入長沙城南、校經書院肄業。勤奮好學，喜愛文學、歷史，留心經世之學，尤注意時事。一九〇〇年赴日留學，後回國參與唐才常自立軍起義，起義失敗後再度流亡日本。留日期間，楊毓麟更多地接觸了西方的政治學說，思想更為激進，萌發了反清革命思想。一九〇二年十二月，他與黃興等湘籍留學生在東京創立「湖南編譯社」，出版發行《遊學譯編》，並開始從事革命宣傳工作。他的文章風行一時，時人譽之為「公之文欲天下人哭則哭，欲天下人歌則歌」。此時，他寫成《新湖南》一書。一九〇三年，楊毓麟回長沙參與華興會的成立及其活動。

《新湖南》是辛亥革命準備時期最早宣傳反帝反封建的民主革命思想的著作之一。全書約三萬字，共分「緒言」、「湖南人之性質及其責任」、「現在大局之危迫」、「湖南新舊黨之評判及理論之必出於一途」、「破壞」、「獨立」六篇。書名雖取《新湖南》，文內雖多涉湘省人事，其主旨也是鼓吹湖南脫離清政府而獨立，但在一些重大事件的論述上，又立足湖南而遠矚全國，不拘囿於湖南一省。他認為：「滿洲政府為之倀，而列強為之虎；滿洲政府為之囮，而列強為之羅。」清政府為虎作倀，因此，反帝必先反清；否則，中國人民必然會「與頑愚迷亂之滿政府，同斃於白人鴆醪毒脯之下。日日安坐而望滿政府，則亦日日安坐而就屠割」。他指出，實質上，清朝統治的「二百年來之歷史，皆愛新覺羅氏之罪狀也。自光緒初政以迄於今，皆那拉氏西邸賣官之貿易所、梨園歌舞之淫樂圖也」。

《新湖南》高出儕輩之處是，將「湖南人之性質及其責任」置於民族運動的整體中進行剖析，因而視野廣闊。加上飽蘸鄉情的文字風格，扣人心弦。因此，該書自一九〇三年四月第一版發行後，半年之內連印三版，如空中春雷，在廣大群眾中引起共鳴。《遊學譯編》一九〇三年第九期刊登了一則廣告，稱：

是書論湖南之形勢與湖南人之特質，發揮民族主義，寓地方獨立之意。初印數千部，原欲分贈知友，不取責價。後索讀者多，本社無從遍贈，且所印亦已告罄，乃再版付售，以饗眾望。唯出書後，又被某處購去二千部之多，所存者無幾，需者尚希從速。書價取回成本二角五分。

後來，楊毓麟繼續宣傳革命，一九一一年，當他得知黃興領導的廣州黃花崗起義失敗，革命力量遭受嚴重損失的消息後，悲憤交加，遂自投利物浦大西洋海灣，殉國身亡，希圖以此喚醒國人。

另一位「革命黨之大文豪」是陳天華（一八七五～一九〇五）。陳天華，原名顯宿，字星台，一字過庭，號思黃，湖南新化人。父親是一個落第秀才，家境貧苦。陳天華喜讀歷史書籍和傳奇小說，尤愛好民間傳唱的話本彈詞。「少時即以光復漢洋兵不來便罷，洋兵若來，奉勸各人把膽子放大，全不要怕他。讀書的放了筆，耕田的放了犁耙，做生意的放了職事，做手藝的放了器具，齊把刀子磨快，子藥上足，同飲一杯血酒，呼的呼，喊的喊，萬眾直前，殺那洋鬼子，殺投降那洋鬼子的二毛子。滿人若是幫助洋人殺我們，便先把滿人殺盡；那些賊官若是幫助洋人殺我們，便先把賊官殺盡。「手執鋼刀九十九，殺盡仇人方罷手。」我所最親愛的同胞，我所最親愛的同胞，向前去，殺！向前去，殺！向前去，殺！殺！殺！殺我累世的國仇，殺我新來的大敵，殺我媚外的漢奸。殺！殺！殺！

激昂的旋律，如號角；急促的呼喊，如鼓點；令人鼓舞，扣人心弦！

《猛回頭》和《警世鐘》將反對帝國主義的侵略與推翻清朝政府的反封建任務有機地結合在一起，提出建立民主共和國新型政權，思想堪稱先進；更可貴的是，陳天華用通俗的白話文寫作，以充沛的感情用詞遣句，「一字一淚，沁人心脾，談復仇而色變，歌愛國而聲歔」（〈祭陳星台先生文〉，《民報》第二號）。因而海內外一紙風行，兩湖地區尤為震動。在湖南，各學堂集資翻印，「備作課本傳習」，「三戶之市，稍識字之人，無不喜朗誦之」（楊源浚〈陳天華殉國記〉）。在湖北，兩文被廣為翻印，引起轟動。由於文字「動人聽聞，便於唱口」，在新軍士兵中也「奉為至寶」。一九〇六年一月四日的宋教仁日記寫道：「倒臥於席上，仰天歌陳星台《猛回頭》曲，一時百感交集。歌已，不覺淒然淚下，幾失聲。」可見影響之巨了。

需要指出的是楊毓麟、陳天華的著作在辛亥革命準備階段，所起的宣傳革命、動員群眾的巨大作用。當辛亥革命勝利後，南洋一家華僑革命報紙便在〈文字功〉題下，發表了寓意深刻的見解：「革命雖重實行，不重空言，然理論足而復實事生，則今日革命軍赫赫之戰功，亦當推源於文字。」（檳榔嶼《光華日報》一九一一年十一月十六日）

長沙起義失敗後，陳天華再次東渡日本，繼續革命活動。一九〇五年十二月，為抗議日本政府頒布的《清國留學生取締規則》，陳天華投海殉國，以死來激勵國人。

長期以來，我以為有個現象值得研究：自屈子在汨羅懷沙投江殉國，其殉國方鄉涼塘近三百石租穀的祖產，劉揆一、龍璋等也變賣家產或向人借錢，長沙南陽街的書店老闆張斗樞也慷慨捐款萬餘元，合計籌款約五萬元。華興會用這筆錢在上海祕密購置「長槍五百桿、手槍二百枝」，並利用「龍璋創辦之江輪二艘，為運械之用」，將這些槍枝放在長沙郊外。此外，還利用明德學堂理化實驗室自製了一批土炸彈，以備起義時使用。他們似乎認定，只有通過暴力革命，才能完成改朝換代的任務，而完全無視新興的紳士們立憲的呼聲。似乎中國通向共和只此華山一條路。

一九〇四年九月二十四日（農曆八月中秋節），瀏陽普集市舉行傳統圩集——牛馬大會，會黨往往利用這種場合開堂集眾。馬福益認為時機成熟，決定這天召集部眾，開堂拜盟。黃興即派劉揆一、陳天華等學界、軍界人士，於是日趕到瀏陽普集，以同仇會的名義為馬福益舉行了隆重的少將授予儀式。儀式由劉揆一代表會長黃興主持，並贈與馬福益部長槍二十枝、手槍四十枝、馬四十匹。劉、陳與馬福益等重新布置了行動措施。同時議定，只待上海大批軍械陸續運到，就可以提前起義。

萬事齊備，只待東風了。

三

由於缺乏經驗，華興會的活動處於半公開狀態。當時，華興會大量翻印《革命軍》、《猛回頭》、《警世鐘》、《血淚書》等革命宣傳品，長沙各書店裡這種讀物「羅列滿布，觸手即是」，「市廛之地，道路之中，交頭手指，爭相閱誦」。克期起事的風聲，已在街頭巷尾傳播。

山雨欲來風滿樓。

湖南當局當然注意到長沙世象的異動。俗話說，「一個窟窿進來斗大的風」，偏偏一個華興會成員無意中走漏了起義的消息，被會黨中的敗類劉佐楫偵知，報告給嶽麓書院山長王先謙。王先謙精研經史，是我最佩服的那個時期的學者；然而，他出於對朝廷的忠誠，即向湖南巡撫陸元鼎報告，要求逮捕黃興、劉揆一等。

奉陸元鼎之命，巡防營逮捕了蕭桂生、游得勝等華興會頭目。嚴刑之下，這些人無奈供出內情，華興會機密因而盡泄。於是，「按名索捕，急於星火」，陸元鼎下令逮捕黃興。

關於黃興機智脫險的史實，「言人人殊，其說不一」。我自幼生活在通泰街、西園一帶，我家在西園的住所就在龍紱瑞家對面，聽前輩指點陳述，又參閱了一些材料，還面詢了同館館員、黃興嫡孫偉民兄，大致史實鉤稽如下。

黃興當時住紫東園寓所。十月二十四日早上，黃興的姑媽進城走親戚，黃興親自下寒菌麵招待。這時，相距不到半華里的西園龍紱瑞差人持帖來，請黃興去龍宅。因黃興正忙活著招待，沒即刻去。過了約一個小時，龍宅又差人持帖來催。黃興大感詫異，覺得有重大情況，於是坐上三人抬的三丁拐轎前往。據其長子黃一歐後來回憶：「先君剛剛坐轎出門，在門口就和來捕捉他的差役對面碰頭了。差役見了他便問：你是黃軫嗎？先君情急智生，鎮定地回答說：我是來會黃軫的，他家裡人說他到明德學堂去了，我再要到那裡去找他。於是差役跟著先君的轎子向西往左文襄祠（明德師範班所在地）走去。先君到了明德學堂下轎，佯稱進去喊某出來，叫差役在門口等候。他進校後，就由靠西邊的金華祝老師住室旁的小側門溜出，躲進了西園龍宅（龍紱瑞家）。」差役等了半天沒等來人，就把三個轎夫帶走，打得他們頭破血流。與此同時，當局搜查了黃興的紫東園住所，但一無所獲。

據龍紱瑞《武溪雜憶錄》說：「華興公司賃屋於南門外為之，表面標榜興辦實業，裡面直是革命組織。無何，外間指目克強為革命黨，謠言稍起。九月二十五日，余（按：此龍萸溪自稱）在家中燕客，克強與焉，揚揚如平時。唯笑謂余：『有相士謂我，將有縲絏之災。』余曰：『此無稽讕言，公何信之？』」可見黃興在此前已經覺察到了日益逼近的危險。

黃興到龍宅時，龍家正設一飯局，來賓有華興會骨幹周震麟、張繼、胡元倓，還有濁世佳公子譚延闓。前三人是各種記敘此事的文章都公認的；譚延闓的在席並參與謀劃黃興出走，則是學術界沒有看到或是一九四九年以後人們視而不見或是知情者有意迴避的事實。以人廢行，是機械唯物論論史的大過失，更何況譚延闓真的就是篡奪辛亥勝果的逆賊嗎？此事龍紱瑞《武溪雜憶錄》記之最詳，惜龍文沒有涉及座客。章士釗在〈與黃克強相交始末〉一文中曾轉引龍文有關部分後，說道：「胡子靖（元倓）、譚祖安均在座，聞此言，則共權威勿躁，以圖善後。」章寫此文時精力旺盛，不會誤記；且政治上有恃無恐，更無意迴避，所言應該是可信的。查當事人譚延闓在〈近代湘賢手劄書後〉中亦有記：「甲辰，克強先生為明德學堂教習，密謀革命，所謂華興會也。事覺，乃匿萸溪（紱瑞）家。揚揚若無事，臥讀書不輟，每飯三碗。其所刻印章名籍，皆在長沙府中學，萸溪乘輿往，盡取納輿中以歸。數日稍懈，乃入聖公會，居久之，喬裝東去。」玩其語意，不僅為同情者，且為知情者、參與者。可解脫章文孤文單證之嫌。

再回到當日龍家的飯局。大家邊吃邊談，忽然有人報告，黃興寓所遭到搜查，北正街、紫東園、西園、西園北里一帶都派兵把守，禁止閒人出進。黃興將剛才碰到的事情原委告知他們，並對龍紱瑞說：「有一個重要的箱子，放在西長街長沙府中學後進一間房內，所有同志的名冊和革命祕密計畫都在裡面，如果被抄去了，全體同志將被一網打盡。」十萬火急，千鈞一髮。龍紱瑞當即表示願意冒險去取。第二天清早，龍紱瑞偽裝訪友，坐著轎子前往長沙府中學，打開了黃興所指的房間，找到那口箱子，帶回交給了黃興。隨即黃興將名冊等密件悉數焚毀，又取出一枚水晶小印章贈給龍紱瑞，而將龍紱瑞順手從他的辦公室捎回的槍枝扔到西園的小池塘內。

差役既沒捉拿到黃興，協臺（當時的警察局局長）又率數十人來校，索要黃興。

胡元倓心知肚明，便說：「黃興是在明德教書，但此刻不知去向。」差役要進學堂搜查，胡元倓厲聲說：「不准搜查，要抓人就把我抓去好了。」差役懾於胡在社會上的聲望，便灰溜溜地走了。

胡元倓見事情緊急，立即會見臬司兼學務處總辦張鶴齡，從容申述：「諸事我均與聞，君如須升官，吾之血即可染紅君之頂子，拿我就是。」張鶴齡原本就是朋友，為胡元倓的至誠精神所感動，當即表示：「此狗官誰願做？此刻要緊的是看如何保護他們。」

龍紱瑞的父親龍湛霖是退職的刑部侍郎，差役沒有確實證據，不敢入內搜捕。黃興住在龍宅的密室中，也不敢走出去。這樣的僵局維持了三天。後龍紱瑞有詩紀事：「華興革命始湘垣，復壁留賓舊跡存。」這就是老長沙豔談的「復壁藏賓」的故事。

大家商量，決定請人去寧鄉中學找曹亞伯來龍家，共商黃興脫險的辦法。曹亞伯是黃興在兩湖書院的同學，湖北陽新人，足智多謀，在湖北組織革命團體「科學補習所」，且是一基督徒，經常出入教會，與教會人士如聖公會黃吉亭會長等較熟。

曹亞伯得信後，不敢耽誤，馬上乘轎去龍家。時天已晚，途中各街柵欄均已加鎖。但曹穿西服，又沒有辮子，守卒以為是洋人，便都開門放行。曹亞伯乘轎直入花廳，見面後，計議確定黃興到長沙聖公會暫避一時。於是，趁著夜色，曹隨即乘原轎去吉祥巷聖公會，沿途各柵欄仍照樣放行。曹亞伯來到聖公會後門，急促叩門。黃吉亭會長被驚起，很感惶恐，祈禱後才開門。曹亞伯進去後，將黃興的危險處境告知。黃素來欽佩黃興，立即穿好衣服，乘曹來時的轎子，曹則隨從在轎後，一同來到龍家。在龍家，黃會長表示決心盡力保證黃興的安全，同時告訴他們，在黃興轉移後，無論何人都不得問及他的行蹤。第三日下午六時許，黃會長自南門乘小轎放下轎簾，裝作女眷探親一樣，來到龍家直入內室。隨後讓黃興乘原轎出來，經小巷到吉祥巷聖公會後街一娼妓家門口下轎，再進入聖公會後門。曹亞伯則早已在後門接應，張繼則冒充隨從，始終跟在轎後護衛。

黃興藏在聖公會後面的樓上將近一月，這時正好武昌高家巷聖公會會長胡蘭亭到長沙。黃會長與胡會長商議，將黃興剃掉鬍鬚，雜在胡會長一行中，趁夜色坐上日本日清公司輪船開往漢口。到漢口的當晚即轉招商局的輪船開往上海。當黃會長送黃興上船時，祕囑：「到上海時，即來一電，只拍一興字，即知君平安無恙也。」

此前黃興名為軫，其後「黃興之名自此定」（見《湖南反正追記》）。

一九一二年，闊別八年的黃興回到長沙進行實業考察活動，接待方安排他住的大吉祥旅館恰在吉祥巷。當他流連巷陌，想起當年正是從吉祥巷聖公會禮拜堂逃脫清政府的追捕時，不禁潸然淚下，寫下〈回湘感懷〉：

三九年知四十非，大風歌好不如歸。
驚人事業隨流水，愛我園林想落暉。
入夜魚龍都寂寂，故山雲鶴正依依。
蒼茫獨立無端感，時有清風振我衣。

清政府搜捕的另一主要目標馬福益在長沙起義計畫洩露後遁走廣西。一九〇五年春，他自桂返湘，準備再次發動起義，但不幸在途中被清軍截捕，解往長沙。官兵「用鐵鏈鎖其鎖骨，俗名強盜骨，咀刀洞穿其肩骨，繫之以練」（曹亞伯《武昌革命真史》）。在湖南巡撫端方的嚴刑拷打下馬福益堅貞不屈，並聲言「革異族命，為漢族復仇，死何所憾」，於四月二十日在長沙瀏陽門外英勇就義。瀏陽門位於芙蓉路與解放中路立交橋交匯處，原為長沙舊城東城門，始建於五代時馬楚王朝（九〇七～九五一），因出城便是通往瀏陽縣的驛道，故名瀏陽門。城牆與城門在二十世紀二十年代修築環城馬路時被拆除，今在瀏陽門故址建有一塊石碑作紀念。一百年前，瀏陽門內是長沙主城區，商賈雲集，車水馬龍；瀏陽門外，驛道兩旁，荒山野嶺，是清代湖南巡撫屠殺革命志士的刑場。馬福益的就義處也就是二十年後楊開慧的就義處，現在在車流如織的芙蓉路旁，矗立著開慧烈士的塑像。我以為也應該給馬福益與劉道一等近代革命家留一點紀念性的標識。不然，何談革命的繼承性呢？

四

黃興逃到上海後，召集華興會骨幹圖謀再舉，並於當年十一月七日，在英租界餘慶里聚議起義計畫，「會勢大振」。

這時，偏偏爆發了「金谷香槍擊案」。這是上海有史以來第一樁手槍槍擊案，主角是華興會的骨幹，長沙東鄉的少年游俠章士釗。

章士釗是我的「鄉先賢」，也是我伯外祖父劉永濟先生的朋友。他一生跨越中國近現代史三個時代，從早年加入「華興會」，投身辛亥革命，到民國期間歷任各屆國民參政員，曾為陳獨秀出庭辯護；最後以南京國民黨和談代表身分飛赴北平，和談破裂後毅然留下來，成為中國共產黨忠實可靠的真誠朋友，第一任中央文史館館長，為謀求祖國的統一大業貢獻了畢生精力。

二十世紀八十年代中期，我受中國社科院近代史所的委託，編輯《章士釗資料彙編》；九十年代，我撰寫並出版了章的傳記《寂寞秋桐》；前年又編輯出版了《章士釗詩詞集》。因工作緣故，與章先生的養女、「一代名媛」章含之女士保持了二十多年的友誼。在北京史家胡同五十一號章家老宅花廳，在茶煙繚繞的溫馨氣氛中，多次聽含之大姐講述章老的懿言嘉行。二十世紀初轟動上海灘的「金谷香槍擊案」就是其中之一。

一九〇三年，二十二歲的章士釗走馬上任，擔任了上海《蘇報》主筆。在一班朋友的支持下，他大刀闊斧地改革《蘇報》，將版面改為雙溝夾排，重要句子夾印二號字樣，以求醒目了然。內容方面，堅決樹起了反對清政府與反對康有為保皇黨的革命大旗。士釗親自動筆，寫作了〈釋仇滿〉、〈漢奸辨〉、〈論中國當道者皆革命黨〉、〈讀《革命軍》〉等文章，筆意恣酣，聲容激壯，傳誦一時。他在〈讀《革命軍》〉一文中，認為鄒容的《革命軍》是國民教育的第一教科書；在發表章太炎〈駁康有為書〉的前面，士釗寫有按語，指出：「中國宣告革命，殆為全國公認，如鐵案不可移。今日之新社會，已少有為立錐之地。必欲悍然不顧，一旦滿政府譌而屠之，則有為搖尾乞憐於宰夫之前，殊不值通人一笑。不僅此也，有為堅持與革命為難，則當今蚩蚩之輩，何所增減於一有為，誠恐天下壯士，不惜援引先生之春秋大義，刃先生之腹而甘心焉，斯亦無可奈何之事。」刻骨露言，助長民憤。而章太炎〈駁康有為書〉，其中最引人注目的是罵光緒皇帝的一大段文字。在封建專制時代，皇帝至高無上，名字尚不可提及，哪能指罵呢？而太炎則根本不管這些，文章中一聲聲載湉小丑，舉國上下，為之震動。

《蘇報》一紙風行，聲譽鵲起，清政府卻視為眼中釘、肉中刺，必欲拔除而後快。於是命大學士張之洞、湖廣總督端方及兩江總督魏光燾主持其事，與租界當局勾結，於一九〇三年七月七日，查封了《蘇報》。由於辦理此案的江蘇候補道俞明震思想上一貫同情革命，又愛才惜才，與士釗有師生之誼，有意網開一面，開始只抓捕了報館司帳和伙友。

章太炎歷來行事古怪，拒絕出逃，從容就逮。審訊時，他長髮過肩，衣著不檢，一副桀驁不馴的樣子。警官問他考試中過何科？他不屑地笑道：「我本滿天飛，何窠（科）之有？」且慢條斯理地說「小丑」兩字，本作「類」字，或作「小孩子」解，並不譭謗。至「今上聖諱」，以西律不避，故而直書。他哈哈大笑：「中國政府治辦中國人，要外國捕房出面，真正滑天下之大稽！」還對警官說：「天命方新，來復不遠，請看五十年後，銅像巍巍，立於雲表者，為我為爾，坐以待之，無多聒聒可也！」

鄒容原本由張繼藏之於虹口一位西方傳教士家中，聽說大哥太炎被捕，遂去投案。第二年二月瘐死獄中，獻出了年輕的生命。

《蘇報》被封後，章士釗在上海東躲西藏。恰好這時老朋友黃興從日本回國抵滬，想回湖南組織革命活動，當時留日的湘籍同學胡元倓正在上海為長沙明德中學聘請教員，正中黃興下懷，於是邀士釗同回湖南。

一九〇四年夏，章士釗又到上海，除創辦《國民日報》、開設東大陸圖書譯印局，印發各種革命小冊子，繼續進行革命宣傳外，又租賃昌壽里、餘慶里、梅福里等四所房屋，作為報紙編輯部、祕書議事和招待黨人之用。一時國內外黨人聞風會合，招待所人滿為患。他又與楊守仁建立華興會的周邊組織愛國協會，楊為會長，章為副會長，會員有蔡鍔、蔡元培、陳慶同（即為後來的陳獨秀）等，機關設在啟明譯書局。這是章士釗與黃興及華興會的淵源。

就在這年深秋的一個雨夜，正當章士釗和同志們在啟明譯書局開會時，黃興從長沙風風火火地趕來，向大家講述了他虎口脫險的經過。

大家聽黃興講完脫險經過，於不勝驚駭之餘，都額手稱慶。黃興斬釘截鐵地說：「諸位弟兄，清政府要殺我，我要以殺對殺。各位都是搞宣傳的，當然革命需要宣傳工作，但更需要的是暴動和暗殺！」

一石激起千層浪。自從黃興來到上海，愛國協會變得更激進了。這個團體漸漸變成了一個暗殺團，大家聚在啟明譯書局，討論的中心就是暗殺，暗殺對象則是清廷大吏。我以為，中國政壇的暗殺手段，華興會似為濫觴。後來宋教仁組織國民黨就緒，應袁世凱之電召進京。前來送行的陳其美勸他防備暗殺，宋教仁聽後放聲大笑道：「只有我們革命黨人才會暗殺人，哪裡還怕他們來暗殺我！」

血氣方剛的章士釗毫不猶豫地投入了暗殺行動，他與黨人萬福華、陳自新是一個行動小組。

外白渡橋上車水馬龍，傍晚的陽光給蘇州河上投下了巨大的橋梁陰影。士釗和萬福華兩人西裝革履，士釗一改往日喜歡打紅色領帶的習慣，打的是黑色的蝴蝶結。兩人走著，都不說話。

士釗不相信暗殺能決定革命的進程。此刻，黃興在啟明譯書局朗讀吳樾《暗殺時代》的序言時激昂的鄉音又彷彿在他耳邊轟響：排滿之道有二，一曰暗殺，一曰革命。今日之時代，非革命之時代，實暗殺之時代也！就在那次啟明譯書局的會議上，他們研究了一個行動。廣西巡撫王之春卸任北上，路過上海。王原在安徽任巡撫時，該省議築蕪屯鐵路，皖人主張籌款商辦，而王則堅決反對，擬以路權為質，向法國人貸款，致路未築成，民怨沸騰。加之他平時主張割地聯俄，黨人視為死敵，大家決定拿他開刀。於是假借一位紳士的名義，邀約王之春到金谷香番菜館二樓吃晚飯，而派槍手陳自新、萬福華射殺之。士釗受命主持這一次行動。

兩人拐進了外灘側旁的一條小馬路，這裡綠蔭蔽道，行人較少，夕陽照在水門汀的路面上，帶著淡淡的血紅色，顯得有些可怖。在金谷香番菜館門口，他們與陳自新會合了。金谷香番菜館是一幢兩層的樓房，青磚砌牆，青磚鋪地。小姐穿著開著高衩的旗袍，站在門口招呼客人；侍應生則是歐式打扮，穿著喇叭袖的大襟短上衣、黑裙和黑色的搭攀布鞋。這是上海灘梧桐深處的一幢洋溢著歐洲浪漫氣息的小樓。

這次行動，三人共帶有一新一舊兩枝手槍，士釗叫陳自新攜帶自己剛買來的新槍，到二樓伏候，自己與萬福華則在番菜館對面的弄堂口監視。

約莫過了半個時辰，一輛雙馬四輪富麗堂皇的馬車駸駸而至，停在金谷香門口。這輛車紅松木車廂，周邊雕花，閃光的玻璃窗內懸有綠呢窗簾。侍者掀起門簾，王之春與兩個隨從走下車來，徑直登上二樓。王之春身材高大，白白胖胖，到底是封疆大吏，有種不怒而威的儀容。

陳自新一身西裝，短小精悍，坐在靠窗的位子裝作喝茶候客，見王之春上得樓來，便笑著站起身來，右手插進褲口袋握住手槍，假裝日本人上前與王搭話，以便相機行事。然而，王之春老奸巨猾，熟諳世事，也許他嗅出氣味不對，瞬間臉色大變，支吾兩聲，拉著隨從，轉身便走。

門口士釗與萬福華兩雙眼睛緊盯樓上，把心提到胸口，卻聽不到槍聲。一會兒只見王之春與隨從走下樓來。這時危急存亡，間不容髮，萬福華一怒而斷，大喝一聲：賣國賊！衝上前來，拔槍就射。不料萬福華拿的舊槍發生故障，幾次扣動扳機卻臭火。這時，王之春當然嚇得魂飛魄散，渾身顫抖，雙腳癱軟挪動不得，而旁觀者雲集，不知所措。在人聲鼎沸中，巡捕突然出現，不由分說，將萬福華綁去。

士釗見事已至此，長歎一聲，只得使個眼色，與隨後下樓的陳自新趕忙分頭散開。

上海有史以來的第一樁手槍槍殺案就這樣「臭火」了。當晚，章士釗輾轉反側，一夜不寐。為革命行動的夭折而歎息，更為萬福華的命運而擔心。他想，如果今天將王之春槍殺了，那麼，為滿清政府賣命的漢奸走狗就都會退避了嗎？中國革命就會成功了嗎？

第二天，天剛濛濛亮，士釗未通知任何人，忐忑不安地獨自去探監，因行為可疑，也遭逮捕。警方當即訊問，而書生氣十足的士釗一語不慎，使革命機關所在地啟明譯書局被搜查，黃興、張繼、蘇鵬、徐佛蘇等十餘同志也被捕了。

四十天後，由於蔡鍔等人在外奔走營救，龍璋又「千金購物付獄」，萬福華被判十年徒刑，黃興、章士釗等被當做嫌疑犯交保釋放了。士釗出獄後，一九〇五年春，追隨章太炎等朋友流亡到日本。

辛亥人物的其人其事，有些現在還真是難以理解，畢竟已經相距百年了。含之大姐告訴我，她原先認為父親溫文儒雅，是守舊的、保守的、落後的，是毛澤東主席多次告訴她：「行老年輕時是激進的革命黨哩。」她回去問老人，行老才講起當年那一樁樁魄動神悖的抗爭。

我還想到，一九八七年，在花氣襲人的羊城，華東師大教授、辛亥老人蘇淵雷先生對我說：「章行嚴搞學術，又沉溺於政治；依附袁世凱，又討袁反袁；不加入同盟會，又衝鋒在前。他的人格中最精華的是獨立精神啊！當時國家多難，讀書人多以國事為己任，章太炎、劉師培，包括我自己，都如此。今之學者何能厚非呢？」蘇先生從口袋中掏出一小瓶酒，呷了一口，用手理了理雪白的頭髮，感慨地念出杜甫的〈戲為六絕句〉：「庾信文章老更成，凌雲健筆意縱橫。今人嗤點流傳賦，不覺前賢畏後生。」現含之大姐與仲老均已仙逝，獨坐燈陰，思之倍感悃然。

第三章 紳士

譚延闓是一個政壇不倒翁，「藥中甘草」，一個偉大的憲政主義者，一個樂於助人的人，大才子，一個學歷扎實的官吏，三任湖南都督、國民政府主席，一個美食家，一個忠於妻子的好丈夫，一個公益實行者，一個「顏體」的苦戀者，民國四大書法家之首，一個武術家、神槍手。其實，他本質上是一個十足的紳士，一個中國政壇歷史上的悲情英雄。

一

一九〇三年，胡元倓留日歸來，立志興學，與親友龍璋、龍紱瑞等商議，請龍璋叔父、刑部侍郎龍湛霖為總理，胡元倓自任監督，集資二千元，開辦了湖南第一所私立中學——明德學堂。

就在第二年秋天，應龍紱瑞和胡元倓的邀請，一位翩翩公子蒞校參觀，他就是與陳三立、譚嗣同並稱「湖湘三公子」之一，在長沙聲名鼎沸的譚延闓。

譚延闓，字組庵、祖安，號無畏，生於一八八〇年一月，湖南茶陵人。茶陵出循吏，最有名的是明代宰相李東陽。譚延闓的父親譚鍾麟歷任陝西巡撫，陝甘、閩浙和兩廣總督等要職，可謂「鐘鳴鼎食之家、詩禮簪纓之族」。譚延闓生於杭州，聰穎好學，五歲入私塾，譚鍾麟規定他三天要寫一篇文章，五天要寫一首詩，還要練寫幾頁大、小楷毛筆字。當然，這位未來民國四大書法家之首的才子，為了科舉的需要，這時學的是趙松雪、劉石庵一路。譚延闓十一歲時試著寫制義文，光緒帝的師傅翁同龢一見稱之為「奇才」，寫信給譚鍾麟道：「三令郎，偉器也！筆力殆可扛鼎。」一八九三年，十三歲的譚延闓到長沙參加童子試，考中秀才。因譚父年老多病，譚延闓在家侍奉其父，繼續跟各地名師學習時文等。聽家外祖父永湘公說，譚延闓文武備足，在「湖湘三公子」中不僅學問第一，武藝也是第一。延闓少年時曾隨安化宿儒黃鳳歧讀書，黃既精章句，也精劍擊，有一手硬功夫，疊起三尺高的磚，順手一揮，能劈成兩半。譚勤學之餘，在校場苦練騎馬射箭，武藝超群。所以後來他當上湖南都督後，開始那些驕兵悍將欺他是文人，心中不服，後來在小吳門外協操坪操練時，譚騎馬打靶，連發十槍，都中紅心，在場將士無不瞠目結舌，繼而歡聲如雷。這也是後話了。

一九〇三年，也就是胡元倓開辦明德學堂的那一年，譚延闓參加清末最後一次科舉考試，中試第一名會元，填補了湖南在清代兩百餘年無會元的空白。驚人之舉還在後面。次年四月，他參加殿試，文章美輪美奐，石破天驚，原來要欽點為狀元的，那也是中國歷史上最後一個狀元。只因慈禧太后觸目心驚，心想剛剛殺掉了一個湖南的譚嗣同，又來一個姓譚的！同姓變成了一大忌諱，於是不問青紅皂白，將狀元改點了廣東人劉春霖，授譚延闓為翰院編修。這是長沙耆舊都知道的科舉奇談。

到明德學堂參觀時，譚延闓正是鮮花著錦、烈火烹油之時。他與龍紱瑞原本「少為昆弟之交」（龍紱瑞《武溪雜憶錄》）；與黃興雖屬初識，但覺得黃「魁梧奇偉，沉著厚重，兩目炯炯有神，認為是一個有作為的人，前途不可限量，內心欽敬」（閻幼甫〈譚延闓的生平〉，《湖南文史資料選輯》第十輯）。當時明德已招收兩班學生授課，初備規模，譚延闓見了很高興，當即捐助了經費一千元，並答應年助英文教員薪金一千元。當然，父親譚鍾麟為頑固官僚，對興學事不感興趣，譚延闓是靠變賣夫人方氏陪嫁的金銀首飾來資助明德經費的。因此，輿論稱他急公好義，是一個「熱心教育的紳士」。

辛丑前後，湖南尤其是在長沙市的確出現了不少大大小小的企業店鋪，本書在第一章中已略作介紹。而隨著這些企業店鋪的出現、發展，亦出現了紳士。紳士的角色是十分獨特的，在某些時候，紳士左右了官、紳、民三者之間錯綜微妙的關係。喬志強《中國近代社會史》說：「紳既藉官勢以欺民，官也恃紳力以施治；民既靠紳勢以行事，紳也恃民力以拒官。」辛丑以前，湖南的紳士俗稱鄉紳，形成的主要來源是軍功官僚。如湘軍將領自鎮壓太平天國後衣錦還鄉，僅湘鄉一縣二品以上軍功官僚紳士就有近兩千家。可以想像，這些大員平居時是如何一呼百應，進而合縱連橫、左右政局的。湖廣總督瑞澂在〈奏特參籍紳挾私釀亂請分別懲儆折〉中向皇帝訴苦說：

> 湘省自咸同軍興以來，地方官籌辦各事，藉紳力以為輔助，始則官與紳固能和衷共濟，繼則官於紳遂多遇事優容，馴致積習成弊，紳亦忘其分際，動輒挾持。民間熟視官紳之間如此侵越，亦遂藉端聚眾，肆其要求。於是哄堂圍署，時有所聞。

辛丑以後，紳風為之一變。隨著湖南民族資產階級的出現，紳士主要已不是來自軍功官僚，而是民族資產階級的上層人物或代言人。據劉泱泱主編《湖南通史》近代卷第六章分析，湖南民族資產階級的上層主要由兩種人轉化而來。

其一，由控制近代企業中的官款的官紳轉化為民族資本家。辛丑前後，在民族企業創辦之初，墊支資本中官款占較大比重；這樣一來，官方往往擁有任命或批准企業主管人的權力。這些成為企業主管人的紳士大多有現任、曾任或候補的官職，他們主要不是通過投資和認股，而是借助對企業中官款的控制和官方的支持。如粵漢鐵路公司開辦時共集股本二百萬元，實收一百萬元，而譚延闓、胡璧、童光業、陳文瑋等每人的投資只有五千至一萬元，但他們卻是鐵路公司的實際掌權者。又如礦務南路公司是一個大企業，而前任知府、候補道員蔣德鈞在各處礦山的投資只不過二萬二千五百元，但他卻身居總經理一職，得以控制全省礦山。再如本書提到的龍璋，曾歷任江蘇數縣縣令，雖然他在鐵路公司中的入股數低於在其他廠、航企業中的投資，但由於他在鐵路公司擔任了辦事員（公司共有辦事員五名，是名副其實的公司高管），於是該公司的股份成為他轉變為民族資本家的主軸之一。再如一九〇三年，湖南巡撫趙爾巽奏准成立湖南全省礦務總公司，任命巡防營統領黃忠浩充任礦務西路公司總經理，黃僅入股五千元，卻轉化成資財雄厚的民族資本家的上層。

其二，由一批頗有聲望的地主、商人，通過創辦或投資近代企業蛻化成民族資本家。

這部分人的代表有梁煥奎、朱昌琳、廖樹衡等，他們靠自己的實業活動，不斷擴大雇傭剝削的利潤，積累資本逐漸完成了這一轉化。朱昌琳在第一章已敘及不贅。如梁煥奎，基於一八九九年收買了官辦的益陽板溪銻礦，並以此起家。一九〇一年派其三個弟弟分別留學日本、美國，專攻礦業，學習國外先進技術。更於一九〇八年集商股十一萬兩，正式成立「華昌煉銻公司」。隨後又在新化錫礦山、安化廖家坪以及長沙等地設採礦場和生銻煉製廠，以及發電廠、自來水廠，並修建倉庫、碼頭、簡易鐵路，購置火車、輪船，員工達萬人，成為聲名顯赫的資本大亨。

以上是資本紳士產生的兩個途徑，需要指出的是，有些紳士有時候則交錯選擇這兩個途徑。如火柴工業是起步最早的長沙近代工業，其起始是光緒二十一年（一八九五），長沙地區遭受嚴重旱災，巡撫陳寶箴撥工賑銀一萬兩，委長沙士紳張祖同、劉國泰、楊鞏籌辦火柴廠，實行以工代賑。次年，三位紳士又私相籌集資金一萬二千兩，另招商股八千兩，成立了「善記和豐火柴股份公司」。廠址設在長沙北門外開福寺和迎恩寺之間，有工人一千餘人，採用半手工半機械操作，製盒工序全部發廠外承包，年產火柴一萬箱左右，每箱售價白銀十二兩八錢，除銷本省外，還銷滇、黔諸省。火柴俗稱洋火，所以長沙人往往將「善記和豐火柴股份公司」叫做洋火局，原址南起現文昌閣，北止現十間頭，於民房群落中，至今還能找到幾處和豐公司的斷牆殘壁哩。

這些紳士，實際上就是那個時代的湖南民族資產階級上層。這個階層在形成過程中，不僅控制了湖南所有較大的近代企業，而且與官府聯繫緊密。一九〇三年，湖南設立了半官半商性質的商務總局，一九〇六年又正式組織了完全商辦的商務總會，這些機構的領導權全部控制在民族資本家上層的手中。如第一任總理（一九〇六年三月～一九〇七年三月）鄭先靖，曾任淮鹽公所總董，是一大鹽商。第二、三任總理（一九〇七年四月～一九〇九年六月）陳文瑋，原經營錢莊和綢緞，後又改辦近代企業性質的大煤棧，一九〇九年後又投資辦電燈公司，成為大商人兼產業資本家。接任的總理是龍璋，他為湖南的近代工業和航運業投入了大量的資本。這個民族資產階級的上層，就是湖南立憲派的階級基礎。

一九〇六年九月一日（光緒三十二年七月十三日）清政府發出了「預備仿行憲政」的「上諭」。世界推著中國走，清政府此舉當然是出於無奈，當然是王朝的自保行為，但畢竟有那麼一點政體改革的味道，讓有識之士看到了機會。於是立憲運動興起，團體的籌組提上議事日程，代表湖南民族資產階級上層利益的政治團體立憲派應運而生。

立憲派的代表人物是譚延闓和楊度。

二

譚延闓和楊度都是紳士，雖然楊度的人品和紳士氣質遠遠不及譚延闓。先說楊度。

楊度（一八七四～一九三一），字晳子，湖南湘潭人。幼年喪父，由伯父楊瑞生培養，自小便聰穎好學，才華橫溢，與其弟楊鈞、其妹楊莊均受學於湘中鴻儒王闓運，二十歲中舉人。中國近代大學問家梁啟超在向老師康有為推薦楊度時說，楊度「才似譚嗣同，當以國士待之」。從此，楊度就以「國士」自許，作詩慨歎：「市井有誰知國士？」所謂「國士」，古時係指國內才能或勇力出眾的人。一八九五年楊度赴京會試，參加了康有為領導的「公車上書」運動。一九〇二年自費留學日本，入東京弘文學院師範速成班旁聽，其間與黃興、楊篤生等創刊《遊學譯編》。當時他有感於時事，曾寫了一首〈湖南少年歌〉，其中如：

中國如今是希臘，湖南當作斯巴達；中國將為德意志，湖南當作普魯士。諸君諸君慎如此，莫言事急空流涕。若道中華國果亡，除非湖南人盡死！……唯持同胞赤血鮮，染得十丈龍旗色。憑茲百戰英雄氣，先救湖南後中國……

如黃鐘大呂，鐵板銅琶，慷慨悲涼，長歌當哭，極大地鼓舞了一代又一代青年志士，尤其是湖南青年。

梁啟超曾讚歎說：「昔盧斯演說，謂欲見純粹之亞美利加人，請視格蘭德；吾謂欲見純粹之湖南人，請視楊皙子。」（《飲冰室詩話》）唯楊氏堅持其反帝、反滿主張，而又認為只有君主立憲可以救國。一九〇五年，清政府派五大臣考察各國憲政。一九〇六年一月，五大臣途經日本，因慕楊氏攻習法政之名，商請他撰寫東西洋各國憲政情況的文章，以為將來歸國彙報的藍本。楊度於是年夏天撰成〈中國憲政大綱應吸收東西各國之所長〉和〈實行憲政程序〉兩文。當年九月，清政府宣布「預備立憲」，就是慈禧在反覆考慮了五大臣的建議後作出的決定。作為「槍手」，楊度對這一決定的產生是不無間接的微勞的。

一九〇七年，楊度主編《中國新報》，寫成著名的《金鐵主義》，完整闡述了他的君主立憲思想，宣導責任內閣制，並要求清政府召開國會。是年夏，楊度同旗人恆鈞等在北京設立「憲政公會」，又聯絡湖南立憲派領袖譚延闓，組建「湖南憲政公會」，積極進行立憲活動。辛亥後袁世凱以總統陰謀恢復帝制，楊度想利用袁實現其君主立憲理想，袁則利用楊鼓吹帝制，於是遂有臭名昭著的「籌安會」之設。袁世凱登基那天，楊度是以「文憲公」的爵位參加大典的，這一年他四十歲。

袁氏失敗，楊亦狼狽，有人甚至提出誅殺楊度。但楊度仍舊堅持他的「君主立憲論」，他反問別人：日本、德國、美國、英國不都是皇帝領導下的內閣制嗎？他們能強大我們為什麼不能仿效？他曾寫了一首〈百字令〉詞，作為政治上遭遇迭次碰壁的自我總結，也是他無所適從的心情的寫照：

一亭無恙，剩光宣朝士，重來醉倒。城郭人民今古變，不變西山殘照。老憩南湖，壯遊瀛海，少把瀟湘釣。卅年一夢，江山人物俱老。自古司馬文章，臥龍志業，無事尋煩惱。一自廬山看月後，洞徹身心都了。處處滄桑，人人歌哭，我自隨緣好。江亭三歎，人間哀樂多少。

不久至滬依傍「海上聞人」杜月笙，吃喝嫖賭，樣樣精通，這時他見到了孫中山先生。因為早年楊曾執孫先生手為誓：「吾主張君主立憲，吾事成，願先生助我；先生號召民族革命，先生成，度當盡棄其主張，以助先生。」（劉成禺《世載堂雜憶》）以後，楊度履行其諾言，最後據周恩來說他成為了共產黨人，對他的褒揚也就熱鬧了起來，論文、傳記，乃至小說、戲劇，鬧哄哄的。卒年五十八歲。

身後是非誰管得？只是當時已惘然。

至於譚延闓，則遭到了歷史的冷落，蓋棺之論極不公平。國學大師章太炎曾為其作一輓聯云：「蝴蝶東飛，蝴蝶西飛，不管東飛西飛，依莊周說，蝴蝶總歸夢裡。先生來了，先生去了，無論來了去了，據穆叔言，先生常在人間。」有點撲朔迷離，閃爍其詞。

譚延闓何許人也？借用古人常用的排比句法來描述，可以說譚延闓是一個政壇不倒翁，「藥中甘草」、「水晶球」，一個偉大的憲政主義者，一個樂於助人的人，大才子，一個學歷扎實的官吏，三任湖南都督、國民政府主席，一個美食家、美食製造者，一個忠於妻子的好丈夫，一個公益實行者，一個「顏體」的苦戀者，民國四大書法家之首，一個武術家、神槍手。我以為，譚延闓本質上是一個十足的紳士，一個中國政壇歷史上為數不多的具有多面性才華的人物。無疑，這樣的靈魂能夠穿透塵封的歷史放出四射的魅力。可惜的是，由於半個多世紀以來「左」傾思潮對學術的影響，對譚詆毀堆砌，諱莫如深。對譚延闓的評價與史實存在著巨大的反差。

例如，俗論以為譚延闓處世圓滑，是「藥中甘草」，有「水晶球」之稱，並常舉下例：一九二三年，孫中山在廣州任大元帥，以譚延闓為內政部長。一天，某湘籍國民黨將領口稱有機密大事要單獨報告孫中山，在場的譚延闓與胡漢民便退入後室。那人向孫中山力言譚延闓不可靠，足足談了一個多小時。孫中山未置可否，後室的譚、胡也都聽得清清楚楚，譚延闓始終不慍不火，面不改色。之後，胡漢民非常欽佩他的「休休有容」。難道這是圓滑虛偽嗎？我以為這其實是溫文爾雅，這就是修養——紳士的修養！

假作真時真亦假，無為有處有還無！

譚延闓為政的主張和督湘的功業在後節當敘及，這是略述其個人資質。透過形形色色、正面反面的文字記載，我的印象有以下三端。

一是血性男兒。譚延闓在家排行老三，原名延闓，辛亥革命後更名為延闓，以示與清皇室勢不兩立。

譚延闓的生身母親是丫環納妾，每當吃飯時只能侍立桌旁，為全家人夾菜添飯，而不能同桌入席。一九一六年，譚延闓的生母李太夫人在上海病故。此時，譚正值第二次督湘，湘督寶座動盪不穩，但他聞訊後，置官位於不顧，當即趕往上海奔喪。第二年，譚延闓扶柩歸葬長沙，暫停厝荷花池。譚公館房子很多，占地很廣，在今荷花池、茅亭子一帶，其中有譚姓族祠，譚延闓宅第位於族祠後進。按照族規，妾死後不能從族祠大門出殯，而只能從側門抬出去。因此，族人力勸譚延闓不要壞了族規，有的人還擋在大門口阻止。譚延闓目睹此狀，怒不可遏，一氣之下仰臥在棺蓋上，命杠夫起靈。靈柩抬到族祠大門口時，他大喝道：「我譚延闓已死，抬我出殯！」族人見狀，頓時面面相覷，鴉雀無聲，只好讓開大門出殯。由於母親的遭遇，譚對封建習俗頗為不滿，誓不納妾。譚妻生了一子三女，很早便去世了，臨終前囑咐譚延闓，望他不再婚娶，將幾個子女帶好。時譚才四十歲，對夫人的遺囑卻頗能信守，一直未娶，也不上青樓。據說有一次在廣州，譚因長住旅館，與一西方女子相識。該女慕其才名，想與之結為夫妻，被他謝絕，該女後來回國後還念念不已。

譚延闓在孫中山落難之際全力扶救，將所分家產田地變賣，「得價五萬元，悉以捐獻總理作為軍米之助」，使孫大為感激，孫譚關係也更加密切。後譚夫人因難產病逝，譚悲痛不已，發誓「終生不復再娶」。孫中山想做媒將小姨子宋美齡續配於他，譚婉言謝絕說：「我不能背了亡妻，討第二個夫人。」於是拜宋老太太為乾娘，與宋美齡兄妹相稱。不管孫中山是「領袖發話」，不屑宋家的萬貫家財，不顧宋美齡的年輕美貌，信守堅貞愛情，不趨炎附勢，近現代政壇是難有其匹的！後來到一九二七年，蔣介石追求宋美齡，遭到宋家諸人反對。蔣只得求譚延闓出面說情，終於促成蔣宋結合。譚延闓這一籌碼，雖失之東隅，卻收之桑榆。蔣介石後來東山再起，當上總司令兼軍事委員會主席，投桃報李，推舉了「畏三哥」為國民政府主席；並且做主，將譚的女兒譚祥介紹給自己的愛將陳誠做夫人。因為他是一個血性男兒，重情義、守信用，扶危濟困，所以人緣很好。胡元倓慘澹經營明德學堂，晚年常對人言：「我於死友，最不忘者二人，一曰黃克強，二曰譚祖安。」二是書翰翩翩，風神千古。譚延闓會元魁首，進士出身，得授翰林編修。當時禮部會試，考官張百熙說：「現得湖南一卷，寫作俱佳。」他的學問應該是很好的。他曾撰有《訒庵詩稿》、《組庵詩集》、《慈衛室詩草》，文采斐然。

譚延闓最為人稱道的是其書法成就，他是民國四大書法家之首。

唐代顏真卿當然是中國歷史上雄視百代的偉大書法家，然而其楷書自從被米南宮批判之後，一直遭到冷遇，宋、元、明三代沒有出一個善寫顏體的大家。清初基本上是董其昌書法的天下，直到清中葉劉石庵以及後來錢灃、何紹基、翁同龢等出，顏書才始得到復興。但清代書家多擅行草，篆隸也有些好手，楷書寫得出色的就鮮見了。只有錢灃，學顏字氣象渾穆，得其神趣；但橫平豎直處時顯板硬，不若魯公之靈妙。這是因為在中國書法中，楷書是最能顯示真功夫的，一點一畫，稍有偏差，一望便知。

譚延闓弱冠時學趙松雪、劉石庵。當時翁同龢身為帝師，又是全國數一數二的大書法家，常人求其一字也難得。譚鍾麟是個有心人，想讓兒子學習翁的書法，遂利用與翁同龢書信往來、禮品互贈的便利，珍藏翁的每一書劄，並在每一書劄的眉頭圈點評析，然後交給兒子臨摹學習。天長日久，譚延闓專習顏書，終生癡迷不捨。他以《麻姑仙壇記》為日課，如一九二九年四月他在上海養病時，就臨摹了二百零三遍，可見用力之勤。他寫顏字主張「上不讓下」，「左不讓右」。論者以為「先生臨池，大筆高懸，凡『撇』必須挫而後出鋒，凡『直』必直末稍停，而後下注，故書雍容而又挺拔。」他的顏楷，參以錢南園筆法，鋒藏力透，氣格雄健，挺拔之氣躍然於紙。其結構嚴正精卓，如賢者正襟端拱於廟堂，有種大權在握的感覺。從民國至今，學顏體的人還沒有超過譚延闓的。他四十歲以後居廣州，於古法帖無所不臨，極縱肆之奇，曾以行楷背臨古帖諸如黃山谷、蘇東坡、米南宮、趙松雪、文衡山、祝枝山、董其昌諸家，生平書學至此已臻化境。同為民國大書法家的于右任傲視同儕，也承認：「譚祖安是有真本領的！」

我觀看過譚氏的楷書中堂，確實氣勢奪人。以下兩處手書勝跡，謹標舉如次，以供讀者履之所至，遊觀欣賞。

南京中山陵墓門前立著一方高達九米的奉安紀念碑：「中華民國十八年六月一日中國國民黨葬總理孫先生於此」，三行二十四個鎏金大字，雄健莊重，氣魄攝人。這是一九二五年譚延闓揮動如椽大筆所書，為民國歷史以及現代書法史留下了厚重的一筆。

廣州黃埔軍校原軍校大門已毀於戰火，現校門由南海艦隊一九六五年重修，軍校大門簡樸莊重，潔白粉牆映襯的「陸軍軍官學校」校名橫匾十分顯目，這幾個顏體大字就是譚延闓的手筆。

江山留勝跡，我輩復登臨！

三是精擅食事。譚延闓不愛美人愛美食，他創立的譚家菜在湘菜發展史上是占據重要地位的。

概括地說，湖南譚家菜是一種由東家指導、受聘的家廚製作，受到邀請的客人品評，富於濃厚文化氣息和藝術意味的系列宴席菜餚。早在一八九九年，譚鍾麟在兩廣總督任上，就頗欣賞以「鮮、嫩、淡」為特點的粵菜風格。回長沙定居後，結合湘中物產和飲食習俗，在口味方面側重「滾、爛、淡」，並以之作為烹飪「三字訣」指導家廚。由於譚家位高望重，酬酢尤多，以致「三字訣」成為湘中上流社會飲宴的風尚。

譚延闓較其父更勝一籌。據李六如《六十年變遷》所述，譚氏宴客的一份「燒菜心」，需耗小白菜兩擔，雖未免誇飾，然仍可想見其食不厭精之程度。尤其是得到名廚曹藎臣兄弟後，在他的指導下，曹氏創作了一系列湘菜名品，其中特別突出的俱以其字「組庵」署名，如「組庵魚翅」、「組庵整鮑」、「組庵豆腐」、「組庵麻辣子雞」等。據譚延闓長子譚伯羽晚年在美國撰文回憶：「如此之魚翅，脣舌融交，至今思之，猶口液欲流也。」光緒帝瑾妃的侄孫唐魯孫在所著《中國吃的故事》中亦議論：「從前譚延闓家的廚師（人稱譚廚）做的鮑魚腴酥香滑，入口即化，最為好吃。」家外祖永湘公曾吃過「組庵整鮑」，據他老說，吃整鮑不用刀叉，只是一雙筷子而已，可知火工之透。二十世紀早、中期，譚家菜一度成為中國烹飪一絕，在京、滬、寧等大都會出盡風頭，海外的一些湘菜館，至今仍不乏以譚家菜為號召的情形。

紅牙檀板，綺筵玉樽，風流總被雨打風吹去。

三

譚延闓曾參加辛亥革命、北伐戰爭，位至國民政府主席、行政院長，是中國近現代史上一位有影響的風雲人物。然而眾所周知，在他擔任最高行政職務期間，大權都歸於國民黨總裁蔣介石，他不過是「橡皮圖章」，是蔣介石手中一枚平衡權力的棋子而已。

我認為，真正能體現譚延闓的政治思想及施政主張的是其三次督湘。

一九一一年湖南獨立後，譚延闓任參議院議長、都督府軍政部長，實際上取得了與焦達峰、陳作新同等的地位。焦、陳遇害後，譚延闓任湖南都督，一九一三年十月去職。一九一六年八月，由黃興推薦，黎元洪以大總統名義任命譚延闓為湖南督軍兼省長，一九一七年九月去職。一九一八年七月，西南護法軍政府委任譚延闓為湖南督軍，一九二〇年年底辭職。以上譚三任湖南督軍和省長，時間長達四年多。

誠然，譚延闓的三次督湘都在辛亥革命以後，似不在本書敘述範圍；但是，我以為在軍閥紛爭的局勢下，譚延闓自身並無強大的軍事勢力，而其竟能三次督湘，除了他的進士出身及顯赫的家庭背景外，主要原因在於譚是湖南立憲派的首領。正因為這一點，可以從譚延闓的三次督湘看出立憲派的政治思想及施政主張。

這當然是一個不乏思想深度的推繹。

考察譚延闓三次督湘的業績，從中紬繹其政治思想，我以為犖犖大者有以下四端。

其一，堅持民主共和的政治方向。

譚延闓任都督後，基本上維持了焦、陳政權的原狀，軍政府的十一名部局長，有八人沒有變動，其中周震鱗作為革命派的代表，任籌餉局局長，大權在握。對於實現共和的有功人員，譚延闓均予以讚揚和肯定，承認湖南「此次首倡義軍，係屬焦、陳二督厥功甚偉」，並「派員以都督禮敬謹殯殮」（見宣統三年九月二十八日《時報》）。後來，他還派人在日本鑄造了焦達峰、陳作新和楊任的銅像，建烈士祠以祀之。我在少年時就曾多次在湘春路小學的門廳裡看到過這三尊銅像，冠服佩劍，比真人略高，很威嚴。同時，在人力、物力、財力上，譚全力支援武漢保衛戰，並與尚未獨立的各省聯繫，促其反正。他清醒地認識到，「必須決勝疆場，乃可以登同胞於共和幸福之中」，民主共和的實現，必須有武裝抗爭勝利作保障（見一九一二年一月十四日《民主報》）。之後當袁世凱復辟帝制，譚延闓義正詞嚴，勸告袁世凱自行引退，還政於民（見譚伯羽《茶陵譚公年譜》）。張勳復辟的第二天，譚延闓即通電反對，嚴厲指責張勳「破壞共和，顛覆民國，舉諸先烈艱難締造之山河，四百兆休戚與共之生靈，淪為私產，視為奴隸」，號召「我漢、滿、回、藏各族急圖之」（見一九一七年七月四日湖南《大公報》）。這個電文，首倡全國北討計逆之舉，表明其反對帝制的堅定態度。綜上所述可知，譚延闓堅持民主共和是具有一貫性的。

其二，實行資產階級的民主政治。

譚延闓與革命派合作，在湖南積極推行資產階級民主政治。在湖南政權建設中，實行資產階級的立法、司法、行政三權分立。首先，建立了比較健全的立法機構——省、縣兩級議會，民主選舉產生了省、縣議員和國會議員。現在長沙市開福區民主東街湖南省總工會大院內有一幢工藝精細的磚混結構的辦公樓，一點二米高花崗石勒腳，半弧形窗洞，以花崗石作窗框，木製玻璃扇，具有濃郁的西方建築風格，這就是當年的省諮議局。這裡原是縣學宮明倫堂，一九〇八年十月十四日，議長譚延闓用略帶茶陵腔的北方話，響亮地宣布省諮議局第一屆會議開幕。以後譚延闓遂將之改為省諮議局，這裡曾是湖南立憲運動的中心。其次，譚延闓建立了專門的司法機構，設地方檢察、審判兩廳，頒布《律師條例》，制定《湖南現行刑法》，初步形成由檢察、審判、辯護組成的近代司法制度。再次，開始在湖南實行資產階級民主制度，倡言民主、自由、平等、博愛，允許言論自由、輿論監督，推動新聞事業發展。辛亥革命前，湖南僅有《長沙日報》幾家報紙。譚延闓認為，「報館的天職是監督政府，指導國民」，表示「延闓才薄，每有辦不到或做錯之事，深賴報紙匡扶」（見一九一二年十一月二日湖南《大公報》）。因此，自譚任都督後，湖南僅新創辦的報紙就有《國民日報》、《湖南公報》、《大漢民報》等十多種，報界日趨活躍，呈現一派欣欣向榮的景象。更次，提倡新風，革除封建陋習。譚延闓鼓勵婦女放足，他還厲行禁煙，成績斐然，以至於英國專家來湘調查煙禁，也不得不承認湖南「確已將煙苗剷除淨盡，毫無罌粟」，並將湖南歸於「無鴉片種植省分」（見一九一三年六月二十四日《民立報》）。

其三，振興實業，發展資本主義經濟。

民國肇建，輿論普遍認為民族主義與民權主義業已達到，唯民生一項尚須努力，於是從上到下，興辦實業的呼聲高唱入雲。湖南資本主義工商業歷來落後，雖經清末湘撫陳寶箴等大力提倡，仍落後於東南各省。譚延闓上任不久，便廢勸業道，在民政司添設實業科，下設農、商、工、礦四課，元年元月，又將實業科升格為實業司。時值百廢俱興，湖南實業機構的設立，從無到有，由小到大，這不僅為舊政權所不及，也為開發湖南實業進行了開創性的奠基。為抵制外國資本和商品的侵略和傾銷，譚延闓與黃興等發起成立洞庭製革股份有限公司，還成立了提倡國貨會，譚、黃同為該會會長。湖南工業總會還設立工錢局以提倡工業，掀起了一個辦實業的高潮。一九一二年，譚委任辜天佑在長沙戥子橋工業學校開辦湘軍工廠，為我省生產五金用品的先導。一九一三年春，又設立湖南軍路局，以省方收入節餘，建築長潭軍用公路，此為湘南建築公路之始。誠如英國駐長沙領事基爾斯在報告中所說：「自辛亥革命以來，發起工業企業得到很大的動力，幾乎每天都有新公司註冊。其最大的目的是盡可能使湖南在工業上不僅不依賴外國，而且不依賴其他省分。」（見汪敬虞《中國近代工業史資料》第二輯，科學出版社一九五七年版）可見，譚延闓發展資本主義工商業不僅有著反對帝國主義侵略的愛國意義，而且有著促進國家民族經濟發展的積極意義。

其四，推進教育事業的發展。

譚延闓以興辦教育成名而進入政界，做都督後，對成效顯著的學校無論公立或私立，都大加獎掖。他第一次督湘時，就給予長沙最有名的四所私立學校周南、明德、楚怡、修業以官方津貼。譚對高等學校的創辦也是不遺餘力的。光復後，美國雅禮會原在湘開辦的雅禮大學向湖南當政者商談設立湘雅醫學院及湘雅醫院，由於開辦費巨大，政學各界人士大多反對，唯譚極力主張成立湘雅。一九一二年，譚又將湖南實業學堂改名為高等工業學校（即湖南大學的前身），曾一次性撥款五十萬元，為該校向外國購買教學科研用品，這種支持力度在當時國內各學校中是罕見的。由於譚延闓實行重視教育的政策，辛亥革命前後湖南教育事業有了長足的進步，全省學校由二千一百九十二所增為二千九百零九所，在校學生由八萬四千六百九十六名增為十二萬三千九百零一名，經費由一百七十萬零六十九元增為一百九十四萬三千一百六十一元。（見一九一三年四月二十六日《長沙日報》）譚氏還注重培養高等人才，廣送人員往東西洋官費留學，僅一九一二年到一九一三年間，就選派官費留學生五百八十一名。

四

以上第三節所敘大多為辛亥以後事，似乎超出了本書範圍，不過藉以探究譚延闓的思想而已。

現在，我們的目光還是回到辛亥以前的長沙。

湖南立憲派形成後，立即為全國立憲運動的興起起了推波助瀾的作用。一九〇七年秋，湖南立憲派紳士熊範輿第一個上書請開國會。隨後，瀏陽人雷光宇以全湘士民的名義上書，陳述開國會的必要。但雷光宇的請願書卻被都察院扣壓了，於是，湖南紳、商、學界代表於一九〇八年春、夏兩季先後兩次派請願代表赴京，催促都察院將請求開國會的請願書送上去，從而拉開了全國請願活動的序幕。在湖南立憲派的影響下，河南、江蘇、安徽等地的立憲派紛紛派出請願代表赴京，要求召開國會。需要指出的是，在全國性的請願活動中，湖南代表都是骨幹，並且留在北京的時間最長。

在全國立憲運動的衝擊下，迫於大勢所趨，清政府於一九〇八年七月二十二日（光緒三十四年六月二十四日）批准了憲政編查館擬定的《各省諮議局章程及議員選舉章程》，諭令「即著各督撫迅速舉辦，實力奉行，自奉到章程之日起，限一年內一律辦齊」（《清德宗實錄》卷五九三，第一二頁）。自此，各省立憲派暫時把請開國會的事擱置下來，都積極投入了各省諮議局的籌備工作。

一九〇八年十二月，湖南巡撫岑春蓂命先設諮議局籌辦處於長沙，借用府學宮明倫堂辦公，派藩司莊賡良、臬司陸鍾琦、學司吳慶坻為總辦，湖南立憲派領袖譚延闓任會辦，籌辦諮議局一切事宜。接著又於長沙設立選舉調查研究所，協助籌辦處工作，研究調查選舉之法，由立憲派人士黃忠浩主其事。此外，於各廳、州、縣設立選舉調查事務所，具體掌握選舉調查各事宜。

一九〇九年六月十八日（宣統元年五月一日），湖南各地選舉投票正式舉行，參加投票的選民共計十萬零四百八十七名；八月六日，遵照複選制要求進行了複選，選出議員八十二人，其中長沙府占三十一人。

議員數是按府縣選民人數分配的，議員是選舉產生的。真是開天闢地未有之事！十月八日，八十二名議員在長沙召開省諮議局的預備會議，選舉譚延闓為議長，馮錫仁、曾熙為副議長。十月十四日，諮議局第一屆會議正式在長沙府學宮明倫堂開幕。會議選舉了常駐議員及審議長，資政院議員等職。原訂第一屆會議會期為三十天，因不敷議案之討論，延長了二十天，直到十二月二日才閉幕。在第一屆會議的五十天中，共討論巡撫（岑春蓂）交議案件二十件，自提案件十六件。結果巡撫所提二十個議案，通過十九件、擱置一件，自提案則全部通過。

全部三十六件議案，除「改良監獄案」多少觸及了一點政治體制改革以外，大多是經濟類和文教類問題。由此可知，諮議局第一屆會議的重點是發展經濟和解決社會問題。再從湘撫關於增稅一案被否決之事看，顯然，諮議局是由湖南立憲派所把持的，或者說，是由湖南立憲派「控股」的。社會建設的進步，是有利於資本主義經濟加速發展的，這自然是立憲派人所歡迎的。但社會的改良與建設，非有充裕的財力不可為。增加稅收本不失為解決財政問題的一個正常途徑，但卻遭到議員們的否決。立憲派與封建政權的矛盾由此從經濟問題上的衝突而激化開來。

一九一〇年（宣統二年），省諮議局召開了第二屆年會，著重討論了如何解決財源的問題。討論的結果，議員們把矛頭直接指向了清政府，決定向清廷爭取地方稅的比例，而不是由他們自己掏荷包納稅。此舉是議員參政的強烈意識的表現，在一定程度上反映了全省人民反帝反封建的要求。

根據清廷下頒的《章程》，諮議局不過只是「欽遵諭旨，為各省採取輿論之地」，而且各省督撫對本省諮議局全部議案擁有裁奪權，可以說諮議局不過是一個點綴民主門面的擺設而已。但世界推著中國向前走，既然已經打開一點點門，各省立憲派也就紛紛擠入，在選舉中空前活躍起來，湖南也不例外。湖南立憲派領袖譚延闓當選為議長，其他議員也多為立憲派人士，立憲派牢牢控制了省諮議局，省諮議局實際上成為了立憲派參政的機構，立憲派也極力利用省諮議局作為發展本身力量的工具。議會成立後，開演了如糾舉督撫未經局議擅自發行本省公債、改變稅法、增加本省負擔等一齣齣好戲。從這些可看出，湖南立憲派是採取了參與政事的實質行動的，他們期望省諮議局能發揮其作用，以促進近代資本主義工商業的發展，也由此擴大他們的權力，在政治上發揮更大的作用。

正是這一對於權力的迫切要求與強烈欲望，促使湖南立憲派成為中國近代立憲運動中的左翼。

五

以後歷史的發展，使這些立憲派紳士的功業到達了光輝的頂峰。這個頂峰就是前面已敘及的辛亥後譚延闓的三次督湘。

夕陽無限好，只是近黃昏。

譚延闓政權就是已經沒有足夠的力量完全否定資產階級革命的封建勢力，同還沒有足夠的力量完全推翻封建統治的資產階級之間相互妥協的產物。譚延闓等立憲派頭面人物雖然脫胎於官僚士紳封建地主，雖然他們身上還帶有封建胎記，但由於他們在興辦實業中攫取了財富，同資本主義生產方式發生了密切的聯繫，因此他們已經向資產階級轉化。他們是當時的有識之士，他們是紳士。

是清廷的假立憲和扼制保路運動加深了他們的憤懣和失望，於是，他們便與革命黨人結成聯盟，從而促成了湖南光復的勝利。

然而，立憲派與革命派還是有分歧的。譚延闓等人致力的是「巨家世族、軍政官長」主持的「文明革命」（子虛子《湘事記》，見《湖南反正追記》），希望以極小的破壞為代價，將清朝統治權力轉移到自己所代表的開明官紳手中。而革命派如焦達峰則「唯以清室鐵桶江山，不易破毀，仍主張採庚戌饑變之手段」（即指一九一〇年的長沙搶米暴動；詳見第六章），準備發動一場大規模破壞封建統治秩序的下層群眾的革命（見《湖南反正追記》）。這種思想認識上的分歧，往往表現為合作行動上的裂痕。

如雙方在商議起事計畫時，曾為是否殺黃忠浩（清巡防營統領）爭議不休。革命派要殺掉忠於清室的黃忠浩，立憲派則竭力阻止革命黨人的暴烈行為，以「維持秩序，保全治安」為己任。他們還找到湘撫余誠格，「勸其反正，俯從民意，都督湘軍」（《湖南反正追記》），制止焦達峰圍攻藩署，聲稱「吾輩但取政權，不殺官吏」，「殺機不可逞」（《湘事記》，軍事篇二）。

《論語‧子罕篇》中孔子說自己解決問題的思路是「我叩其兩端而竭焉」，亦即推敲前後正反兩方面的情況而拿出自己的主意。我認為，考察譚延闓的思想、主張，結合湖南光復後他堅決派兵援鄂，以及傳檄他省、促其反正的行事，他頗有點孔夫子「執其兩端」的精神。以立憲為宗旨，武力為輔佐；事成之後，走立憲的道路。可惜中國缺失資產階級革命的成功，也就缺失資本主義社會這一歷史階段。這也就有了八九十年後鄧小平等領導人「補課」的說法。

流血，流血，流血。千年功過。

懷共和之熱忱，負「反動官吏」之惡名，譚延闓是悲情英雄。

第四章

白幟透迤上麓山

湖湘才俊陳天華、姚宏業的投水殉國，舉國震驚，其家鄉長沙則由禹之謨、寧調元組織了一場盛大的公葬，萬人空巷，麓山為之縞素。這場英雄葬英雄的史實，洋溢著惺惺相惜的動人的浪漫氣息。五年後，禹之謨亦歸葬於此，與陳、姚墓為鄰，一起靜靜地俯視這大千世界的風雲變幻。

一

辛棄疾詞句說得好：「渡江天馬南來，幾人真是經綸手？」「吳楚地，東南坼；英雄事，曹劉敵。」大凡出現驚天動地的事情，弄潮者一定有驚天動地的人物。

一九〇六年五月，長沙爆發了一場聲勢浩大的公葬湘籍英烈陳天華、姚宏業的事件，領導這場事件的是禹之謨和寧調元。這場英雄葬英雄的史實，還洋溢著惺惺相惜的動人的浪漫氣息。

華興會起事失敗以後，黃興遠走上海，又轉赴日本，長沙的革命形勢一度陷入低潮。清朝湖南當局為加強對青年學生的防範，以著名劣紳俞誥慶為長沙善化四十八堂學務處監督，在省城長沙「整頓學風」，開除進步學生，嚴禁集會結社。

一九〇五年八月同盟會本部在東京成立後，頓時如長夜出現北斗，表現出強大的革命輻射力。而要在全國範圍進行革命活動，就必須在各地建立龐大的有系統的組織。按同盟會總章規定：本部下設支部，支部下設分會。黃興由東京密函委託禹之謨在湖南成立分會，發展同盟會組織，推銷《民報》，宣傳同盟會的革命綱領。

於是禹之謨和革命黨人陳家鼎等著手成立同盟會湖南分會，禹之謨被推為會長。會址設在湘鄉會館內的惟一學堂，位址就在現在的新安巷、南陽街一帶。

禹之謨（一八六六～一九〇七），字稽亭，湖南湘鄉人，現屬婁底雙峰縣青樹坪鎮。禹之謨出身於一個小商人家庭，少年時期，家境不甚富裕，父親嗜食鴉片，母親早亡。他十五歲時曾在邵陽城裡一家店鋪當學徒，不到一年即被店主辭退。回家後，勤奮自學，喜讀《船山遺書》，並研讀《史記》、《漢書》一類史籍，從歷代興衰史中追尋經世救國之道。他最愛讀《史記‧游俠列傳》，私塾的同學狀其氣概，說他「提三尺劍，挾一卷書」，活脫脫一個現代游俠！他別號稽亭，按照當地的方言習慣，親友叫他「稽猛」，也喊他「長毛」（對太平軍的稱呼）。對於同為老鄉的「曾國藩大人」，他確實是頗有不屑的，「嘗謂『胡（林翼）、曾（國藩）、左（宗棠）、彭（玉麟）好大喜功，誤入歧途，皆由不善讀書之過』，聞者多目為狂徒」（姚漁湘〈禹之謨傳〉）。後寄寓名士張家為門客，復入營伍，擔任文書一類事務，開始接觸一些西方的近代政治學說和社會思潮，並結識一些社會名流，見識日博，愛國憂民之心也油然而生。

一八九四年中日甲午戰爭爆發，禹之謨毅然投筆從戎，參加劉坤一節制下的軍隊，襄辦由山東、天津等處向遼東運輸糧秣彈藥的轉餉任務。戰後，因功得賞五品翎頂，並以縣主簿雙日候選，辭不就，而至上海潛心研究實業。受維新變法和自立軍起義失敗的震撼，禹之謨意識到反清革命的必要，從而擺脫改良思想的羈絆，走上了民主革命的道路。

一八九七年，禹之謨回到湖南，認識了譚嗣同，兩人一見傾心，相談甚歡，大有相見恨晚之意。禹之謨同時和唐才常及哥老會首領畢永年等多有接觸，他對變法維新寄以同情。面對百日維新的失敗，禹之謨的結論是「倚賴異族政府改行新法，無異於與虎謀皮」。和當時熱血青年一樣，半為革命失敗的潛逃，半為尋找救國的真理，他選擇了東渡日本，在日本大阪、千代田等工廠實習操作，花很大力氣學習新興的應用化學和紡織業操作技術，走「實業救國」之路。在東京他結識了留日學生中的激進者，並參加了他們的許多活動；又接觸了「革命排滿」和民權思想。

由於報國心切，禹之謨未及卒業便於一九〇二年春攜帶紡織機械匆匆回國。他先在安慶設立「阜湘」織布廠，繼於一九〇三年在湘潭設「湘利黔」織布廠，是為湖南近代機織品的開端。次年，將該廠遷至長沙荷花池，並創辦實業工廠，附設工藝傳習所，招收青年學生，教以簡易的應用化學和製造藤竹木新式傢俱的手工藝。並且他首倡雇傭女工，移風易俗。雖然暗地裡做革命工作，但是織布廠也不僅僅是一個幌子，禹之謨是真的想發展這門技藝，走「實業救國」的路。當時禹之謨的兒子禹宜三也隨父親和家人來到長沙，並被安排進廠學習操作，他在回憶錄中還清楚地記錄了當時的工序：「先父當時教我繼祖母賀氏用紗線學習結縱：織布用兩頁縱，織毛巾用四頁縱，縱結好後，先父用酒精浸黃色舍利克片製成溶液，由我繼祖母兩手執一邊縱，先父左手執一邊縱，右手蘸溶液反覆塗刷縱線。這樣晾乾後縱線經久耐用不生毛茸。」

事實上，除了革命上的積極作用，織布廠也在湖南的工業史上寫下了歷史性的一筆。湖南人民出版社二〇〇三年出版的《湘潭經濟史略》一書記載：「湘潭近代棉紡織工業因近代民主革命鬥士、湘鄉留日學者禹之謨於光緒二十九年（一九〇三）在湘潭縣城創辦湘利黔布局而開始起步。」《湖南省志》第一卷也記載：「禹之謨在一九〇三年創立湘潭毛巾廠，是為湖南近代機織業的開端。」

一九〇四年，華興會成立，黃興起義失敗避走上海，而禹之謨此時則成為了湖南革命運動的實際領導者。

一九〇五年，禹之謨在長沙創辦惟一學堂。這個學校在禹之謨被害後改名廣益中學，就是如今湖南師大附中的前身。現在附中圖書館叫做「之謨圖書館」，館前還有禹之謨的塑像。此時的禹之謨，集工、商、學界的領袖地位於一身。他積極參與領導湖南各界粵漢鐵路「廢約自辦運動」和抵制美貨運動。因此，「紳商學各界之駐湘者，皆推重之」，湖南教育會、學生自治會、商會並推之為會長。這時的禹之謨經常和同志們在濂溪閣縱談天下大事。濂溪閣位於長沙市開福區西長街，是文人雅士工商學子聚會研討學術之所。清同治年間，湖湘學人為紀念北宋哲學家、湖湘學派創始人周敦頤，並研習他的學術思想，創建了濂溪閣，閣旁有濂溪祠和濂溪里。閣、祠今不存，但陳舊的老巷濂溪里尚存。

禹之謨自任同盟會湖南分會會長以來，切實執行同盟會總部交給的各項任務，積極宣傳同盟會革命綱領，與黨人覃振、樊植等組織《民報》發行網，「日持革命書報於茶樓酒肆，逢人施給，悍然不諱」（子虛子《湘事記》）。並集約各界人士在長沙天心閣開會，鼓吹革命排滿。又動員其他黨員在小吳門等處「開設酒店棧沽，結歡軍人。以爭取新軍為革命力量」（金蓉鏡《破邪論》）。各界人士由他介紹入會頗眾。

再說另一位應時而生的豪傑寧調元。

寧調元（一八八三～一九一三），字仙霞，號太一，湖南醴陵人。一八八三年（清光緒九年）生。他是辛亥革命時期的活動家，南社詩人。因為他兩次入獄，過了數年鐵窗生活，故又有「監獄詩人」的雅號。一九一三年「二次革命」時，犧牲於武昌。

當寧調元由少年步入青年的時候，中國正風雨如磐。八國聯軍入侵那一年，寧調元十八歲。民族的災難使他憂心如焚，他自覺地肩負起天下興亡的重擔。

一九〇三年，寧調元離開故鄉的淥江書院，進入長沙明德學堂師範速成班。當時，黃興正在該班執教，倡言「排滿」。寧調元受到影響，先後參加革命，組織大成會和華興會。他長於文章，富於口才，慷慨激烈，為班中的佼佼者。次年冬，回鄉創辦淥江中學，受到縣令和守舊紳士的反對。他奔走於醴陵、長沙之間，上下交涉，終於將學堂辦成。一九〇五年夏被派赴日本，留學於早稻田大學。

日本當時是中國革命黨人的淵藪。在那裡，寧調元不僅與「塵午老師」黃興重逢，而且和著名的革命黨人陳天華結為好友。一九〇五年十一月，日本文部省公布「取締規則」（《關於准許清國人入學之公私立學校之規程》），對中國留學生的活動多所限制。中國留學生認為這一規則「有辱國體」，發動罷課。十二月八日，陳天華憂憤投海，中國留學生的情緒更為熾烈。寧調元是罷課抗爭的積極分子，曾被選為文牘幹事，起草了大量宣傳品。作為陳天華的好友，他寫詩痛悼：

警鐘敲破幾人聞？底死困成救世軍。
百兆同胞齊墮淚，八千代表竟無群。

寧調元的詩寫出了對陳天華早死的痛惜，以及湖南革命志士們對陳的懷念。年末，寧調元和湖南同鄉姚宏業等回到上海，與各省歸國留學生一起創辦中國公學。不久，寧調元惦念故鄉的淥江中學，離滬返湘。他在為友人傅甫《紉秋蘭集》的題詞中，發出了「詩壇請自今日始，大建革命軍之旗」的吶喊。這時，他和禹之謨來往甚密，活動地點則在城南閣一帶。據一九二九年劉謙所著〈寧調元革命紀略〉載：寧調元與「李洞天、陳漢元居城南之天心閣，日以鼓吹革命為事，更翕集禹之謨、鄒價人等，組織湘會，到處演講，風動一時」。又據嶽麓書院末任院長王先謙一九一四年所作〈次韻止庵九日登天心閣〉詩中句解云：「禹之謨開學會演說，寧調元募刻《洞庭波》書，皆在閣中。」據考：寧調元當時的確是以自行募刻的辦法，印發宣傳革命的文稿，在天心閣初創了《洞庭波》雜誌。

公葬陳天華、姚宏業的事件，就將由禹之謨和寧調元揭開序幕。

二

再回過頭來，敘述這場事件中的葬主陳天華與姚宏業。

在第二章中已介紹，陳天華作為革命宣傳的「大炮」，其作品具有警世警人的巨大影響力；在為人方面，陳天華也是一個血性男兒。

一九〇四年初，陳天華和黃興等人以運動員的名義回到湖南，不久創立了革命團體華興會。他們聯合哥老會首領馬福益，準備在長沙發動起義。陳天華主動擔負了遊說巡防營統領廖名縉的重任。不料，起義機密洩露，黃興、劉揆一等人先後逃出湖南，並派人通知陳天華迅速避難。陳天華得知消息，十分痛苦，他把衣襟理好，端坐在自己的寓所，動也不動，沉痛地說：「事不成，國滅種亡，等死耳，何用生為？」決心向譚嗣同學習，以身殉國。後經友人再三勸說，他才束裝上道，再次東渡日本。

陳天華投海是因日本驅逐留日學生事件引起的。

同盟會成立後，推動了全國革命形勢的高漲。在東京，各省留日學生都建立了本省分會，並派人回內地建立組織，發展會員。東京留學界已成了海內外革命中心。清政府選派留學生，就不得不考慮對策了。於是它勾結日本政府，由日本文部省於一九〇五年十一月二日頒布了《關於准許清國人入學之公私學校之規程》也即是《清國留學生取締規則》。這個規則共十五條，其中規定：無論是官費生、私費生，到日本留學，必須由清公使館介紹；接收留學生的學校，一定設有留學生學籍、考勤及來往書信文件登記冊；留學生必須住進學校的宿舍和公寓，不能住校外公寓；各級學校不能招收為他校因性行不良而被飭令退學的學生等等。如按這一規定，所有留學生都將被清政府駐日公使與日本政府控制起來，來往通信、食宿都將失去自由。特別嚴重的是所謂「性行不良」一條，清政府與日本當局可隨時將這頂帽子扣在留學生頭上，從而使留學生失去學習的機會，這一點是極為毒辣的。當時留日學生界已看出其陰謀，指出：「規則第十條性行不良一語，不知以何者為良不良之標準？廣義狹義之解釋，界說漠然。萬一我輩持有革命主義為北京政府所忌者，可以授意日本，竟誣指為性行不良，絕我入學之路，其設計之狠毒，不可思議。」（見《新民叢報》，第三年，第二十三號，一九〇五年十二月）日本文部省次官木場也毫無隱諱地承認這一點：「留學生之中，屬於革命派者甚多，這次文部省頒布的規則，將使他們蒙受一大打擊，殆無疑義」（實藤惠秀《中國人留學日本史》中譯本，三聯書店一九八三年版）。

清政府的卑劣行徑，激起了留學生的極大憤怒，東京留學生界幾乎全部捲入了反對「取締規則」的行動。十二月四日，弘文學院留學生首先罷課，接著各校紛紛響應。七日，東京和京都的留日學生共八千餘人，實行了總罷課。

陳天華對留學生取消「取締規則」的抗爭極為關心。他與留學生一樣，對日本政府「剝我自由，侵我主權」的行為極為憤慨，但認為全體罷課並退回國的辦法並非良策。果不出其所料，留學生團體中，對待罷課和歸國問題產生了原則分歧。先是留學生總會幹事楊度不願出面，把責任推給別人；秋瑾、宋教仁等力主全體歸國；而汪精衛、朱執信則反對歸國。

留學生中的分歧，引起了陳天華的憂慮。這時，日本政府趁機汙衊留日學生的正義行動，在官方報紙大做文章，說留學生的行動是「放縱卑劣」。陳天華悲憤已極，決定「以身投東海，為諸君之紀念」，用自己的死，來喚醒留學生界，喚醒同胞，「使共登於救國之一途」。

十二月七日，陳天華在寓所裡執筆作文，一直到深夜。第二天，他還與往常一樣，神色自若，毫無異常。吃完早餐出門時，還向同室朋友借錢二元，朋友以為他是去印刷所聯繫印刷事宜。一直到晚間，陳天華還未回來，引起了朋友們的驚異。深夜，留學生會館門房匆匆來告：大森地方警察局發電到使館，稱海上發現了陳天華屍體。天未亮，宋教仁等便趕赴大森，在陳天華口袋裡發現一張「書留」（即寄信憑單），根據這個憑單，在留學生會館找到了他的一封長信，即是他的萬言〈絕命書〉。他在書中沉痛地呼喊：「為了中華必須奮起抗爭！」

陳天華的蹈海自殺，在留學生中引起了巨大的震動，宋教仁、秋瑾等組織了追悼活動。據日本學者永田圭介《秋瑾——競雄女俠傳》說：翌日（十二月九日），留學生們公推秋瑾為召集人，在留學生會館中的錦輝館召開陳天華追悼會。會上，秋瑾宣布判處反對集體回國的周樹人（魯迅）和許壽裳等人「死刑」，還拔出隨身攜帶的日本刀，大聲喝道：

投降滿虜，賣友求榮。欺壓漢人，吃我一刀！

陳天華的蹈海殉國，純出於一片愛國赤誠，其動機是高尚的，行為是悲壯的。他殉國的消息傳出後，即在海內外革命群眾中引起巨大反響。孫中山當時在南洋，聽到這個消息，「聞之哀悼不已」。香港勞動群眾開追悼會於杏花樓，「各界臨弔者千餘人」。（馮自由〈《猛回頭》作者陳天華〉）在日本，當宋教仁拿〈絕命書〉

在留學生中誦讀時，「一人宣讀之，聽者數百人，皆泣下不能仰」（宋教仁〈陳星台先生「絕命書」跋〉）。總之，由於陳天華的殉國，「人心愈憤激，大有與滿洲政府勢不兩立之氣……凡血性青年，皆起赴義不顧身之熱誠」（曹亞伯《武昌革命真史》）。陳天華用犧牲自己的生命來激勵革命同志的做法，對革命事業的促進與發展是起了作用的。時間過去了十二年，到一九一七年，又一代革命青年東渡探索救國真理時，十九歲的周恩來仍然懷念著這位蹈海的英雄，在一首詩中這樣寫道：

大江歌罷棹頭東，邃密群科濟世窮。
面壁十年圖破壁，難酬蹈海亦英雄。

陳天華殉國之壯舉還被編成戲曲、唱詞，在人民中流傳。一九〇六年浙江金華還出現了「《猛回頭》案」，「金華龍華會員曹阿狗公開演唱陳天華的《猛回頭》，被劣紳告發，金華下放將曹殺害，廣出告示，『嚴禁逆書《猛回頭》，閱者殺不赦，以曹阿狗為例』。然此告示一出，而觀此逆書之人轉多，於是革命風潮乃又加是緊一度矣」（陶成章《浙案紀略・猛回頭案》）。足見陳天華身雖亡而魅力不減。

無獨有偶，姚宏業也是一位蹈水壯士。

姚宏業（一八八一～一九〇六），原名宏業，後因慕朱洪武、洪秀全之名，改名洪業，字劍生，號競蓀，清長沙府益陽縣人。一九〇四年春入長沙明德學堂師範班，同年七月留學日本弘文學院，不久進入大阪大學。粵漢鐵路廢約自辦運動期間，他與同志組織路礦學校，以培養路礦人才。一九〇五年十月，經黃興介紹加入同盟會。

姚宏業留日時，從日本維新史了解到明治維新的成功很大程度上得力於教育，便有志於興學育才。粵漢鐵路廢約自辦運動發生後，他說「鐵路者，國脈也，無粵漢鐵路，是無中國」，即與友人組織開辦了一所路礦學校。後來他又認為：「我排滿以口，滿排我以兵，危道也。」便要改學軍事。所以，當時人評論說：「識者聽其言論，睹其舉動，皆知為排滿實行家也。」

一九〇五年冬，日本政府頒布《清國留學生取締規則》，姚宏業與陳天華等倡議全體罷課歸國。陳天華蹈海後，他歸至上海，創辦中國公學。他說：「國民欲有愛國之思想，不可無自立之學校。負笈三島（指日本）者日多，終非久計。故合各省公立一校，如早稻田、慶應義塾各大學之宏敞。藉雪外人蔑視我之奇辱，而激起一般人愛國自立之公心。」

中國公學成立，他被推為幹事，與譚心休負責籌款。學生很快招收至二百餘人，分別來自十三個省區，規模初具。姚宏業對公學寄予了無限的希望，認為它可以培養「真救時之人才」，可以「鼓鑄強健文明之國民」，可以奠定中國未來民立大學之基礎，可以破除省界，它的成敗，實為「我中國民族能力試金石」。然而，守舊官紳對公學多方阻扼，各處籌款未至，誹謗之聲已聞。姚宏業痛感「東京之現象既如彼，內地之悲觀又如此」，悲憤不可自遏之中，決心投黃浦江，以死喚起士民愛國之心。

一九〇六年四月六日，姚宏業投江自殺。公學師生都以為他因事外出未歸。過了幾日，屍浮江面，校中諸人前往察看，才知道是他們所愛戴的幹事姚宏業。後從宏業遺篋內發現了一封絕命書，一字一句，血淚俱下，現在展讀，還足令人動容。

嗚呼！我所最親愛最希望最眷戀中國公學中之諸同事諸同學，我所最親愛最希望最眷戀全中國四萬萬同胞中之官之紳之兵之士之農之工之商，聽者：吾今蹈江死矣，將永與君等別矣。但恐我死以後，君等或不知我死之故，因忍死須臾，與君等為一訣別之言。古人云：人之將死，其言也善。君等其聽之！其聽之！雖無才無勇無學無識如我者，亦勿以人廢言也。我之死為中國公學死也。同胞！同胞！欲述我捨父母棄妻子捐軀蹈江之苦衷，我請先言中國公學與中國前途關係之重。中國公學者，因內地學堂之腐敗，不足以培養通才與列強共競生存於廿世紀淘汰慘酷之秋，故創辦此公學，注重德育，以謀造成真國民之資格，真救時之人才者也。此其關係之重一也。溯中國公學之所由起，蓋權輿於留日學生爭取締規則之故。夫此次之爭之當與否，今姑無論。然公學雖為振興教育而設，究其要素，已含有對外之性質，蓋彰彰乎不可掩矣。故中國公學不啻我中國民族能力之試金石也者，如能成立發達，即我全國之人能力優勝之代表也；如不能成立發達，亦即我全國人能力劣敗之代表也，此其關係之重二也。中國自今以往有大問題焉，將縻無量大英雄大豪傑之心血之腦血之頸血之舌血之淚血以解決之，尚不知其能否，則省界之分是也。夫今日省界之分，初見端耳。鐵路以分省界，故而不能修；礦山以分省界，故而不能開；學界又以分省界，故而屢起衝突，操戈同室。莊子曰：「天下事創始也細，將畢也巨。」今日之衝突一筆一舌，將來之衝突一鐵一血。夫鷸蚌相持，漁夫伺其旁，可懼也。夫唯中國公學鎔全國人才於一爐，破除畛域，可能消禍於無形，此其關係之重三也。今日中國人心之害有二：弱者既俯仰隨人，無愛國思想，強者又妄誕無忌，野蠻招禍。往事無論矣，此二害不除，中國前途之禍未有艾也。而中國公學設在上海，為各國勢力侵入焦點，我同學見外人之恣橫，則可生其愛國之心，見教案之損失，則可消其野蠻之氣，將來此等教育普及全國，則可以鼓鑄強健文明之國民，此其關係之重四也。考各國學術之進化，莫不有民立學堂與官立學堂相競爭相補救而起，如美國之有耶路大學，日本之有早稻田大學之類，皆成效大著，在人耳目。今我中國公學，實為中國前途民立大學之基礎，若日進不已，其成就將能駕耶路大學與早稻田大學而上之。而不然者，民氣將永不伸，即學術將永不振，而中國亦將永無強盛之日，此其關係之重五也。有此五端，然則凡居中國土、為中國人者，其必以萬眾一心，維持我公學成立，扶助我公學發達，不待再計決矣。

且我同志等組織公學之苦衷，亦有可為四萬萬同胞一白者。人情所最畏者，禍耳。當客歲初歸國時，蜚語四起，留學生居海上者，俱有頭顱不保之虞。我同志為興學故，弗顧也；人情所最思念者，室家耳。誰無父母，誰無妻子，客歲歸國之同學皆歸家一探問。而我同志為興學故，旅居滬上，無一歸者；人情所最不忍犧牲者，學耳。而我同志之留學也，又多半官費，且多寒家，自費不能留學，一不東渡，勢必至於官費裁撤。而我同志等為興學故，置裁撤官費而不恤，是不唯犧牲目下之學問，並將來之學問亦犧牲之矣；人情所最嗜好而終日營營者，權耳利耳。我同志等之組織此公學也，以大公無我之心行共和之法。而各同志又皆擔任義務，權何有，利何有乎？而我同志等所以一切不顧，勞勞於此公學者，誠以此公學甚重大，欲以我輩之一腔熱誠，俾海內熱心之仁人君子憐而維持我公學成立，扶助我公學發達耳。乃自開辦以來，學生已二百餘，共集十三省人矣，學科雖未十分完善，然非中國內地學堂之所及，此則我之所敢斷言者也。而海內熱心贊助者，除鄭京卿孝胥等數人外，殊寥寥。求助於政府無效，求助於官府無效，求助於紳商學界又無效。非獨無效，且有仇視我公學、誹謗我公學、破壞我公學者。我同志等雖拮据號呼，然權輕力薄，難動聽聞。噫！無米之炊，巧婦不能，中國公學之前途真不堪設想矣。嗟夫！嗟夫！豈我輩之誠心未足感人耶？豈我中國之人心盡死耶？不然，何以關係重大如我中國公學者，猶贊成者少而反對者多也。我性褊急，我誠不忍坐待我中國公學破壞，致列強以中國人為絕無血性之國民，因而剖分我土地，撕滅我同胞，而親見此慘狀也。故蹈江而死，以謝我無才無識無學無勇不能扶持公學之罪。

夫我生既無所補，即我死亦不足惜。我願我死之後，君等勿復念我，而但念我中國公學，我願我諸同學皆曰無才無學無勇無識如某某者，其臨死之言可哀也，而竭力求學以備中國前途之用。我願我諸同事皆曰無才無學無勇無識如某某者，其臨死之言可哀也，而振起精神，盡心擴張，無輕灰心無爭意見於各事件，不完善者補之，不良者改之，務扶我中國公學為中國第一等學堂，為世界第一等學堂而後已。我願我四萬萬同胞之官之紳之兵之士之農之工之商皆曰，無學無識無才無勇如某某者，其臨死之言可哀也，而貴者施其權、富者施其財、智者施其學問，籌畫以共維持扶助我中國公學。即向來之仇視我公學、誹謗我公學、破壞我公學者，我亦願其哀我臨死之言，幡然改悔，將仇視誹謗破壞公學之心盡移於我既死之一傷心人之身，則我雖死之日猶降生之年矣。

嗟嗟！碧海無邊，未盡萇弘之血；白人入室，難瞑伍胥之眸。我死後如有知也，願此一點靈魂與我中國公學共不朽！

他殉身後，「國人感其義俠，輸鉅資者相續」，中國公學的基礎終於奠立。

三

不到半年的時間，陳天華、姚宏業相繼投水，為國捐軀。他們兩人不僅是學貫中西的時代精英，也是血管中奔騰著屈原血脈的湖湘子弟，因此，噩耗傳來，在湖南各階層愛國群眾，特別是青年學生中，引起了巨大的反響，長沙、善化兩縣學生為之震驚，沉浸在一片悲痛之中。寧調元聞訊，迅速從醴陵趕到長沙。同盟會湖南分會負責人禹之謨和革命黨人覃振、陳家鼎等人立即組織各校學生自治會開會，禹之謨在會上的演說「極為動人，聽者悲憤萬狀，群眾高呼，革命聲勢驚天動地」。會議決定公葬兩烈士於長沙嶽麓山，以激揚民心，反對封建統治。有人害怕官府干涉，禹之謨拔刀指天道：「求一抔土葬烈士，於巡撫何？」旋即由學生自治會選派學界代表蘇鵬到東京、上海，迎接陳、姚烈士靈柩回湘。

嶽麓山是長沙名勝。晚清時期的長沙不過是以現今五一廣場為中心的方圓二三十里的城市，從長沙市南的靈官渡坐「木划子」渡過碧波粼粼的湘江，從牌樓口上岸，便到了氤氳蔥蘢的嶽麓山。

嶽麓山號稱南嶽七十二峰之尾，雖則不高，只有海拔約三百公尺，但卻應了「山不在高，有仙則名」的老話，這裡歷來是風景絕佳之地。山上有雲麓宮、麓山寺。麓山寺素有「漢魏最初名勝，湖湘第一道場」之譽，寺前有六朝松兩株，「閱盡人間春色」，唐代大書法家李邕《麓山寺碑》更是跌宕縱橫，極盡筆墨之妙。山腳則有千年學府嶽麓書院，「惟楚有材，於斯為盛」，宋代經學家朱熹、張栻曾在此授徒講學，絳帳弦歌。因此，這裡也是首丘的上善之地。山上的墓地大多坐西朝東，豐碑高塚，白天睥睨著湘江的百舸爭流和麓山的雲蒸霞蔚，夜晚則領略著遙遠的長沙市聲和橘洲漁火。

正因為此，將陳、姚公葬於嶽麓山，是對湖南革命力量的一次檢閱，也是一次政治示威。湖南「當道及鄉紳咸為驚異」，他們聞訊百般阻撓，向巡撫龐鴻書鼓噪：「天華何如人，嶽麓何如地？」長善學務處總監督俞誥慶親自到各學堂「訓話」，攻擊陳、姚主張革命並非愛國，「革命即是造反，造反即是大逆不道。陳、姚因革命而自殺，實為回不得家鄉，見不得爹娘所致」。並聲言已接到巡撫部院諭示，絕不能聽其埋葬嶽麓山。署理湖南巡撫龐鴻書亦命臬司傳禹之謨訊問，力圖阻撓。面對淫威，禹之謨正氣如虹：「今臺灣、膠州、廣州（灣）、大連等地皆為外人所占領不問，獨以中國人葬中國一土反不能容乎？」臬司啞口無言，對他不便作出處理。俞誥慶想通過陷害禹之謨來達到破壞公葬陳、姚的陰謀沒有得逞。

關於公葬陳、姚的具體日期在各種有關文獻中說法不一，計有如下數說：五月二十三日、五月二十九日、七月一日、七月十一日。眾說紛紜，而俱不實在。按皮錫瑞丙午年閏四月的日記（手稿，現藏湖南省社會科學院）云：「閏四月初一日（五月二十三日）早飯過河，見學生列隊迎接，知為迎陳天華柩，今日必不上課。……」又：「初五日（五月二十七日）……葬陳事，以紳士致渠帥（湖南巡撫龐鴻書字渠庵），有『天華何如人，嶽麓何如地』之言，渠帥要辦人，有『已捕三人』語，且已電稟。學生亦發電，又在天心閣議，前日學堂人不往者，要逐其監督。……」可以肯定，五月二十三日公葬陳、姚應無疑義。初五日日記所說的事，是說龐鴻書怒欲辦人，且已捕三人，這三人可能就是送葬後留在現場築墳豎碑而最後回城的十幾個學生中的三人。這裡的「前日」是「日前」的意思，就是說前幾天。

一九〇六年五月二十三日，禹之謨、寧調元和覃振、陳家鼎等組織學生及各界群眾一萬多人（當時長沙不足三十萬人口，出動一萬餘人是相當驚人的），從城內分兩大隊分從朱張渡、小西門兩處過江前往嶽麓山。「一隊出南門在朱張渡過河，禹之謨同十幾個教職員抬著陳天華的靈柩領隊先行，另一隊在小西門渡河，寧調元同十幾個教職員抬著姚宏業的靈柩領隊先行。」（彭重威〈回憶禹之謨〉）大家頭戴草帽，足蹬薄底布鞋，身著白色制服，高唱哀歌，聲勢浩大，儀仗莊嚴，綿亙十里之外。「之謨短衣大冠，負長刀，部勒指揮，執紼者約萬計，皆步伐無差，觀者傾城塞路。」（轉引自《辛亥在湖南》第三七〇頁，湖南史學會編，湖南人民出版社）在這種情勢下，把守渡口攔阻靈柩的士兵，只得鵠立河邊觀望，不敢執行上司的命令。送葬隊伍前面高舉輓聯祭幛，沿途還散發了許多傳單和小冊子，隊伍最前面是禹之謨親自寫的一首感慨淋漓、抨擊清廷的輓聯：

殺同胞是湖南，救同胞又是湖南，倘中原起事，應首湖南，志士竟捐軀，雙棺得贖湖南罪；

兼夷狄成漢族，奴夷狄不成漢族，痛滿酋入關，乃亡漢族，國民不畏死，一舉伸張漢族威。

送姚宏業烈士靈柩的隊伍前面的輓聯據說出自寧調元之手：

其所生在芳草美人之邦，寧葬清流葬魚腹；
以一死作頑民義士之氣，奚問泰山問鴻毛。

詩人筆調，自然典雅，不同凡響。

兩支送葬隊伍都帶著莊嚴的神情，緩緩前行，綿延幾十里，觀者傾城塞路。學生們高唱哀歌，身穿白色制服，自長沙城中望去，從河東至河西的路上，嶽麓山山上山下為之縞素。長髮披肩，瘦小但精悍的禹之謨向群眾悲憤地演說陳、姚二烈士的生平事蹟，參加送葬的人們，無不為之動容，民氣為之大振。到達嶽麓山後，舉行了隆重的下葬儀式，禹之謨、寧調元等人發表了演說。

公葬當天，禹之謨的兒子禹宣三被父親安排在大西門城牆上觀看，有意要他受教育。事後禹宣三回憶說：「父親身穿白服，頭戴拿破崙帽，腰間掛把日本長刀，站在碼頭上指揮送葬隊伍過河，秩序井井有條，待到最後一批學生到達，才一起渡河過去。晚上父親對我們說：今天的事，你們都看到了吧，這兩個人就是想著寧為國民死而死去的，他們不願意看到國家沉淪，等著做牛馬奴隸，寧願以死來震驚國民，所以應該受到崇敬。我們不顧艱難險阻，發動各界營葬，就是這個意思，無非要使大家懂得愛國。」

葬禮雖出乎意料地順利，但湘撫當局並未善罷甘休。由於參加公葬的大多數是長沙各個學校的學生，因此，作為長沙和善化兩縣學務處總監督的俞誥慶，因為督學不力，被巡撫龐鴻書狠狠地教訓了一頓，俞誥慶因此老羞成怒。公葬結束後，長沙城內的學生，都從原路安然回到了自己學校，只有極少數參加培土和豎碑等工作的學生，回去得比較晚，俞誥慶就帶了批軍警抓去了三名學生。各階層人民憤憤不平，禹之謨前往交涉也毫無結果。

為了營救被逮捕的學生，打擊守舊官吏的囂張氣焰，禹之謨吩咐學生密切注視俞誥慶的行動，終於在六月十九日晚於樊西巷一家妓院抓獲宿娼的俞誥慶。學生在盛怒之下，將他和妓女春苔一同押解到藥王街鏡中天照相館，並將俞誥慶送給春苔的「十分春色無人管，一徑苔痕帶雨青」對聯掛於兩旁，「黥其面，拍其照於土娼胯下，以叱其無恥」（曹亞伯《武昌革命真史》）。隨後，禹之謨在西長街濂溪閣主持開有五六百人參加的集會上，當眾揭發俞誥慶敗壞學風、壓制民主的罪行。他斥責俞誥慶說：「身為長、善學務總監，應敦品篤行，整躬率屬，應為全城學界樹良好榜樣才是，你俞誥慶竟做出這等禽獸不如的行為，這是湖南教育史上莫大的恥辱，實為士林敗類。」最後向俞誥慶提出釋放被捕學生的嚴正要求。俞只得俯首認罪，並答應立即釋放在押學生。

這次公葬陳、姚和痛懲俞誥慶事件，是禹之謨等革命黨人在同盟會湖南分會成立後所領導的青年學生和各界群眾反對清政府的一次政治大示威，也是湖南革命勢力與守舊勢力的一次正面交鋒。毛澤東在《湘江評論》的〈本會總記〉中稱之為「驚動天地可紀的一樁事」，並說：「這次畢竟將陳、姚葬好，官府也忍氣吞聲莫可誰何，湖南士氣在這個時候幾如中狂發癲，激昂到了極點。」

此事之後，湖南當局極為震恐，「民氣伸張至此，清政府危，而官紳之富貴不保矣！」（楊世驥《辛亥革命前後湖南史事》）俞誥慶等人挾嫌報復，密告禹之謨為「革命魁首」，「專派送《民報》邪說，勾結軍學兩界謀起事」，必欲置之於死地而後快，指使地方劣紳出面，取締學生自治會，另行組織「湘學會」。覃振、陳家鼎等革命黨人相繼離湘避風，禹之謨「卻孑身留省，與會黨首領龔春台、姜守旦、李經其、王勝等密謀發難事宜」。由於湘鄉駐省中學經費日見窘困，禹之謨返回湘鄉活動。一九〇六年六月十三日，禹之謨發動湘鄉籍學生百餘人前往會晤知縣陶福曾，要求將浮收的鹽捐移作辦學經費，抗爭浮收鹽捐。陶福曾以「率眾哄堂塞署」之罪，將禹之謨上告巡撫。八月十日，湖南巡撫龐鴻書以此罪名下令逮捕禹之謨，但因其在學生和群眾中頗有威望，湖南當局不敢在長沙公開對其審訊，乃判定監禁十年。於八月二十五日深夜派兵押送常德，九月十九日又移禁偏遠的靖州執行，由著名酷史金蓉鏡承審，並將其處終身監禁。

九月初，新任巡撫岑春蓂到湖南，他首先就關注禹案。此時萍、瀏、醴起義風聲正緊，岑春蓂欲從禹之謨身上打開缺口，乃立令金蓉鏡嚴刑拷問，逼禹之謨招出湖南的革命黨人。

靖州知府金蓉鏡是著名酷吏，審時問：「你做的是什麼事情？」禹之謨答：「救國保種！」又問：「如何救法？」答：「殺人放火。」問：「你欲殺誰？」答：「該殺者殺之。」

金蓉鏡氣急敗壞，令獄卒大施酷刑，禹之謨自述其施刑場景道：

> 二鼓後，金牧親持線香一大把，燒吾背，約二時之久，無可供。抬至戲廳，吊吾右大指及大腳趾，懸高八尺，數刻繩斷，大指已經破爛，繩亦斷。又換繫左大指懸之，再用香火灼吾背及膊，遍體無完膚。金牧即呼人拿梆子來，褫去余衣，跪於鐵鏈之上，兩手左右伸開，於膝後彎處橫壓一棍，兩端入柱之孔，又以棍橫於腳背彎處，板上三疊，計一吋高，使重壓力盡在膝蓋，胸前橫起一棍，使不得移動。金牧即呼『打』！以荊條鞭背至九百。血耶？余不得見！……自三更至五鼓，赤身跪壓，加以鞭背，幾遺矢溺，數兵扶之下架，腦雖未死，而四肢不知誰屬。（〈禹之謨及其遺書〉，見《湖南歷史資料》一九六〇年一月）

一次刑罰下來，禹之謨已是斷指割舌，體無完膚。然而無論什麼樣的酷刑終不能讓禹之謨屈服。

禹之謨在牢房裡，曾有朋友勸他服毒自殺，免得再受酷刑。他說：「我不能這樣死，大丈夫要死得光明磊落，我要到刑場上去死，讓百姓看我的刑傷，喚起他們奮起抗爭，我情願像牛馬一樣被殺，也不當奴隸而生！」

在靖州監獄裡，禹之謨給諸伯母書說：「侄十年以來，不甘為滿洲之奴隸，且大聲疾呼，喚世人無為奴隸……宗旨甚正，程度漸高，思想甚大，犧牲其身，無所惜也。」他在靖州獄留下〈告在世同胞遺書〉，大聲呼籲：「我所最親愛之在世同胞鑑：世局危殆，固由迂腐之舊學所致，亦非印版的科學所能挽回。故余之學界，有『保種存國』之宗旨在焉。與若輩以摧殘同種為段者，勢不兩立。於是有靖州監禁，不百日而金牧提訊，所提不成論理之問題，無非受人旨意，陰謀詭計，橫為成見。是以所答，動遭無理之詰駁，不性置辭。且曰：『爾輩牛馬耳人，欲食則食之，有何受焉。』禹之謨正告同胞曰：身雖禁於囹圄，而志自若，軀殼死耳，我志長存！

同胞！同胞！其善為死所，寧可牛馬其身而死，甚毋奴隸其心而生！前途莽莽，死者已矣，生者誠可哀也。我同胞其圖之，困心衡慮，終必底於成也！禹之謨四十一歲，丙午年十一月之三日。靖州獄中遺書。」

不久萍瀏醴革命軍起事，巡撫岑春蓂急令金蓉鏡絞殺禹之謨。一九〇七年一月五日，刑前，禹之謨斥金蓉鏡：「我為愛國，願意流血，何以將我絞殺？」金蓉鏡氣急敗壞地說：「你輩素講流血，今日偏不把你流血何如？」禹之謨哈哈大笑：「好，好，免得汙壞我的赤血。」高呼：「禹之謨為救中國而死，救四萬萬人而死！」從容就義，時年僅四十一歲。

據馮自由〈丙午靖州禹之謨之獄〉一文載：「就義之先，雖拇指已斷，字跡仍端好如恆。死時，指金牧曰：『我要流血，為何絞之？辜負我滿腔心事矣。』觀者多為感動。」無論是哪個就義的說法，總之是他死得無比壯烈、英勇。這是毛澤東稱之為「驚動天地可紀的一件事」。

湘鄉人陳荊曾化裝進靖州監獄，取回禹之謨血書。

一九一二年一月，「中華民國」成立，黃興請臨時大總統追「贈禹之謨陸軍左將軍，恤其遺族，並予公葬嶽麓山」，以作永遠的紀念。

禹之謨就義後，他的親密戰友寧調元揮淚寫下〈哭禹之謨烈士〉二首：

雄演光芒百丈揚，湖南民氣一時張。
昨朝凝望天心閣，覺有餘音尚繞梁。

千古英雄巨浪東，壯心未展吐長虹。
石榴五月紅如火，誰識思君淚更紅。

辛亥革命後，禹之謨歸葬長沙，與陳天華、姚宏業一起長眠於巍巍嶽麓山。五年前，他把烈士送上嶽麓山；五年後，他亦歸葬於此，與陳、姚墓為鄰，一起靜靜地俯視這大千世界的風雲變幻。當時，國民黨元老仇鼇有輓聯云：

具一副豪俠肝腸，不破壞不能完全，叱吒變風雲，倡謀借白水盟心，十載同磨高祖劍；
剩幾許英雄鐵血，愈摧殘愈有價值，精誠貫日月，歸葬到麓山絕頂，萬古
重留大禹碑。

平心而論，禹之謨確實是個難得的幹才，是時代的優秀人物。他出生於官宦之家，少有大志，博學能文，疾惡如仇，愛恨分明。一八八六年他漫遊江浙等省，廣泛接觸社會名流和幫會首領，研讀西方社會政治書籍，開闊了視野，救國憂時之心勃發。一八九四年七月，中日甲午戰爭爆發，他憤然投筆從戎，擔負餉械轉運任務，襄辦由山東、天津等地向遼東運送糧秣彈藥之事務。因為於戰有功，兩江總督劉坤一奏請清廷賞賜五品翎頂。他卻視清廷翎頂如破屣，赴上海準備實施實業救國，計畫在長江沿岸開辦礦業，惜因各種原因未能實現。一九〇〇年，他東渡日本求學，除參加中國留日學生的革命活動外，以較多精力學習科學技術。一九〇二年春，他先在湘潭建成織布廠，後遷長沙小吳門，帶動當時湖南創設了不少織布機坊。他還辦了著名的湘鄉旅省中學堂和惟一學堂。一九〇四年四月，為反對美帝國主義攫取

中國鐵路建築權，湖南掀起粵漢鐵路廢約自辦運動，禹之謨領導組織省工商各界集資百餘萬，收回了路權。一九〇五年八月，中國同盟會在日本成立，受黃興委託，他任同盟會湖南分會會長。由於他精誠愛國，勇於任事，又具有組織才能，深受各界推崇，被舉為湖南教育會長和商會會長。可見禹之謨不僅秉革命之氣，而且具經濟之才。記得一位西方哲人說過，革命者難得既對舊事物具有猛烈的破壞力，又能建設新事物。禹之謨就是這樣一位英年早逝的人傑。由此看來，仇鼇的輓聯僅僅只從「不破壞不能完全」方面落筆，未為的論，終落皮相了。

第五章
萍瀏醴大起義

這是一場由「草根英雄」龔春台領導、三萬老百姓參加的異常慘烈的起義，「黑手高懸霸主鞭」，第一次以「中華民國政府」的名義，發布〈中華國民軍起義檄文〉，「必建立共和民國，與四萬萬同胞享平等之利益，獲自由之幸福」。恨東風不借，世間英物！

一

一九〇六年夏季發生在長沙的萬人公葬示威，以及稍後幾個月的禹之謨遇害，以及隨即的將陳、姚烈士墓從嶽麓山遷出，這一切都被遙遠的、遠隔大海的幾雙冷峻的眼睛注視著，那就是孫中山、黃興等同盟會領袖的關注。

既然立憲還在艱難地匍匐爬行，既然政治示威行不通，那就還是要武裝起義。

同盟會成立後，孫中山、黃興等人積極準備發動武裝起義，以便擴大革命團體在國內的影響。孫中山早在一八九七年八月～一八九八年八月間，就為尋找一個合適的起義地點而感到苦惱，他在同宮崎寅藏筆談中提到：現在全國有志於革命者到處皆是，重要的是要選擇一個最適宜首先起義發難的「起點」，「有一起點，即如一星之火於枯木之山矣，不必慮其不焚也」。那麼，中國如此之廣漠，怎樣確定這個「起點」呢？孫中山提出了三條原則：「蓋起義之點，不拘形勢，務求急於聚人、利於接濟、快於進取而矣。」（孫中山〈與宮崎寅藏等筆談〉，《孫中山全集》第一卷）

黃興也在一九〇三年華興會成立時明確地指出：

若吾輩革命，既不能借北京偷安無識之市民，得以撲滅虜廷；又非可與異族之禁衛軍，同謀合作。則是吾人發難，只宜採取雄踞一省，與各省紛起之法。今就湘省而論……同一排滿宗旨之洪會黨人久已蔓延固結，唯相顧而莫敢先發。正如炸彈既實，待吾輩引火線而後燃。使能聯絡一體，審勢度時，或由會黨發難，或由軍學界發難，互為聲援，不難取湘省為根據地。

（見劉揆一《黃興傳記》）

由於湖南近年來鬧騰出一系列大動靜，領袖們的目光注意到了湖南，注意到了湘贛邊界的萍鄉、瀏陽、醴陵一帶。我以為，其後發生的萍瀏醴大起義，具有不可替代的獨特歷史原因。

萍鄉、瀏陽、醴陵三縣分別位於江西、湖南交界處。瀏、醴距長沙只有百來里，中部羅霄山脈貫穿南北，南與武功山相縱橫，北有幕阜山、九嶺山延伸，地形崎嶇多變，險要複雜。當時這一帶的植被條件也相當好，四處「無不山嶺崎嶇，林深菁密，犬牙相錯，徑路分歧」（光緒三十二年四月十三日，〈湖廣總督張之洞等奏萍瀏醴會黨起事始末及剿辦詳細情形折〉）。萍鄉則西北與瀏陽聯結，西面與醴陵毗連，為兩省通衢要隘。南有武功山，北有九嶺山，西有羅霄山。其南五十里有位於武功山中的安源，藏煤甚豐，後萍株鐵路通車，煤礦開採高潮迭起，鄰近各縣民工蜂擁而至，其中瀏陽、醴陵者尤多。醴陵則北接瀏陽，西連萍鄉，「南接茶陵、攸縣，為長沙東南之奧區，處處皆可竄越」。東南一村麻石（今醴陵富里鄉轄），位於羅霄山脈北段，山高林密，當時為萍、瀏、醴三縣共轄，故有「小租界」之名，是一個較為理想的舉事地點。瀏陽現屬長沙市轄，其縣地處邊境，山叢菁密，「通省要隘既多，且南接湘潭，據長沙之上游，北界平江，為長沙東北之屏障」。所產夏布，除供本省需要及銷往漢口、南京、上海、北京各埠外，還輸送到朝鮮、南洋群島等地，經濟比較發達。這一地區隨著一八九八年萍鄉安源煤礦的開掘，一八九九年、一九〇四年岳州與長沙的相繼開埠，萍株鐵路的通車（一九〇五年冬，其萍醴段早於一九〇三年通車）等，交通有了較大的改善。一個水陸交通網已初步形成，從而也就便於起義隊伍的迅猛集結和蔓延。優越的地理環境，豐厚的礦產資源，帶來了經濟的繁榮，因而也就「人煙稠密，商販雲集，五方雜處」。其優良的地理環境，也歷為兵家重視。後來，毛澤東等人就充分利用了這一帶險要有利的地理條件，先後發動了震驚中外的安源路礦工人大罷工和秋收起義，也是將一枚棋子投向萍、瀏、醴，霎時間風生水起。當然，這是後話了。

十九世紀最後三十年，伴隨著帝國主義勢力進一步滲透入中國內地，位於長江中游內地省區的湘、贛兩省的經濟生活發生了巨大的變化。一八九八年萍鄉安源煤礦的開辦，岳州和長沙的相繼開埠，湘潭、常德被闢為寄港地，尤其是一九〇三年萍醴段鐵路通車，繼之一九〇五年萍株鐵路正式通車，帝國主義對湘、贛兩省侵入加劇；加之一九〇一年《辛丑合約》所規定的巨額戰爭賠款，清廷無法償還，只得分攤給各省逐年支付，從而湘贛兩省財政支絀，造成兩省下層人民的貧困和破產。破產的人民為了求得生存，踴躍加入哥老會。據史載：「湖南之醴陵、瀏陽，江西之萍鄉、萬載等縣，向為湘、贛兩省哥老會聚會之淵藪。」先前，「瀏陽雙傑」譚嗣同、唐才常為神州改革，先後流血捐軀，其中唐才常領導的自立軍起事就是以會黨徒眾為原動力的。接著，長沙人黃興領導的華興會圖謀借助會黨勢力，特別是萍鄉、瀏陽、醴陵地區的會黨勢力，發動長沙起義，不幸事泄，起義流產，會黨首領馬福益被捕犧牲，這大大加深了會黨徒眾對清政府的仇恨。特別是萍、瀏、醴一帶的會黨頭目龔春台、姜守旦、馮乃古等都是馬福益的部下，「其屬誓復仇，益傾向革命，繼續圖大舉」（劉謙〈醴陵革命人物舉要〉）。這時，因「公葬陳、姚運動」和「禹之謨獄」的先後出現，民主主義和愛國主義深入人心。

正當會黨圖謀再舉之際，也是民主主義思想迅速擴大影響的時候。一九〇六年春，同盟會總部派湖南留日學生劉道一、蔡紹南回國返湘，「運動軍隊，重整會黨」。

劉道一是一代英才，他原名吉唐，字炳生，自號鋤非，又號培雄，祖籍衡山。先祖劉漢宗遷居湘潭縣白石鋪楊柳沖。父劉方嶢為湘軍營勇時，因仗義釋放被俘的太平軍總制林迪榮，為避禍，改名鵬遠，徙匿至湘潭縣花蕚鄉八斗沖定居，後在湘潭縣衙充刑房差役。劉道一幼年入私塾讀《孟子》，能琅琅成誦，性格開朗，思想激進。讀《漢書・朱虛侯傳》時，他對「非其種者，鋤而去之」這句話非常欣賞，便自號「鋤非」。後入長沙修業學校。

一九〇四年二月，黃興、劉揆一等組織的革命團體華興會在長沙正式成立，劉道一也隨兄揆一參加。華興會決定這年冬發動長沙起義，劉道一參與準備活動。因劉家與會黨首領馬福益交誼深厚，劉道一持黃興親筆信前往策動。豈知馬福益態度輕慢，劉道一遂發揮其雄辯才能，曉之以情，動之以義，不亢不卑地對馬福益說道：「馬大哥究竟是遵照洪門遺訓，擔起滅清復明的責任呢？還是開開山，拜拜堂，守點黨徒，弄點金錢，頭上插個草標，出賣人頭呢？還是收集力量，使官兵疲於奔命，莫奈我何，然後再受招撫，別開生面地去做滿清的奴才呢？」就在馬福益情緒亢奮之際，劉道一又自陳革命宗旨：「第一為國強。請看我們今日之中國，還成國家嗎？推其緣故，都是滿洲人弄成的，所以非革他的命不可！第二是滿洲人的心中，認為我輩是他的家奴，情願將國家送給外國人，不願還給原來的主人。古人有一句話說得好：『非我族類，其心必異』。因此，又非實行種族革命不可。」劉道一的一席話，說得馬福益心悅誠服，慨然相許加入革命，為此後馬福益與黃興、劉揆一會晤作了鋪墊。

華興會起義失敗後，劉道一以優異成績考取留日官費生。東渡後，入東京清華學校學習，與秋瑾、黃人漳等十人參加以反抗清朝、光復中華為宗旨的「十人團」。後他與秋瑾等參加馮自由等在橫濱組織的洪門天地會，任「草鞋」（將軍）。光緒三十一年八月，他在東京加入中國同盟會，任書記、幹事等職，辦理對外交涉事務，黃興說他是「將來外交絕好人物」。像這樣極富口才，精通英語、日語，熟悉各地方言和會黨行話，並且為人溫雅的翩翩少年，當然是開拓湘贛局面的最佳人選。

二

劉道一等回長沙後，充分利用這一形勢，迅速打開了局面。

他們通過長沙明德學堂的學生魏宗銓而同萍鄉、瀏陽、醴陵一帶的哥老會組織建立了聯繫。魏宗銓家在江西萍鄉的上栗市（在萍鄉縣城以北九十里，靠近湖南瀏陽境），魏是個富商的兒子，曾與當地哥老會交結，在明德學堂受到同盟會革命思想的影響。劉道一和蔡紹南讓他回家鄉開設「全勝紙筆店」，作為聯絡哥老會的機關。

水陸洲，又名橘子洲，位於長沙市區湘江之中。洲因江水推積泥沙而起，形成長島，四面環水，形如長帶，南北長五公里，東西寬五十～二百公尺，自古以來以風景秀麗著稱。舊時洲上有水陸寺，寺聯云：「滿天風景，水陸平分，登樓覽雲夢瀟湘，壯氣直吞巫峽北；千古英雄，浪沙淘盡，倚劍聽銅琶鐵板，高聲齊唱大江東。」當時長沙水陸洲只住著寥寥幾戶漁民，是個清靜隱蔽的所在。劉道一就約集革命志士蔣翊武、龔春台、劉重、劉崧等數十人在長沙水陸洲附近的一條船上祕密聚會。會上，劉道一傳達了黃興關於「革命軍發難，以軍隊和會黨同時並舉為上策，否則亦必會黨發難，軍隊急為回應之，以會黨缺乏餉械，且少軍隊訓練，難於持久故也……欲規取省城，宜集合會黨於省城之附近萍、瀏、醴各縣，與運動成熟之軍隊聯合，方可舉事」（劉揆一《黃興傳記》）的指示。這就是說以萍、瀏、醴地區為發動起義的主要地區，並且以該地區的會黨為主要運動對象。會議還討論了起義的策略方針，制定了兩套起義方案，上策是「以軍隊與會黨同時並舉」；下策是「以會黨萬人，組成整齊軍隊，發難於瀏醴，而直撲長沙，各軍隊反戈相應，占據省垣重地」。起義的目標是光復全省，擴展到全國。並且就聯絡會黨、運動軍隊等事項作了具體分工，蔣翊武、劉岳峙、覃振、蔡紹南、劉承烈、成邦傑、易本曦、文斐等人負責運動新軍；彭邦棟、蔡紹南、劉重、龔春台、瞿光炆等人分別聯絡巡防營，部署會黨。並議定於農曆十二月清朝官署封印時舉事。會後，劉道一留駐長沙全盤負責籌備工作，並負責與東京同盟會總部及各方面的聯繫。

其時，會黨各派山堂林立，主要有三股較大的勢力：一是以龔春台、李經其、蕭克昌為首的哥老會，各擁眾數千人；二是以姜守旦為首的洪福會，亦有徒眾數千人；三是以龍人傑、廖叔寶、饒有壽、萬木匠、沈益古為首的武教師會，各擁眾數百人。這三派互不統屬，沒有形成統一的革命力量。鑑於這種情況，蔡紹南、魏宗銓邀集萍、瀏、醴一帶的哥老會與武教師會頭目百餘人在萍鄉蕉園祕密集會，舉行開山堂大典，歃血為盟，統稱「六龍山洪江會」。之所以取名「洪江」，是為了紀念犧牲的馬福益，因為馬曾在黔陽縣洪江會鎮準備起義，後被清廷捕殺。設總機關於萍、瀏、醴交界之麻石，以上栗市全勝紙筆店為招待會友和籌畫經費之所；公推龔春台為「大哥」，以忠孝仁義堂為最高機關，下設「內八堂」和「外八堂」。所謂「內八堂」，即文案、錢庫、總管、訓練、執法、交通、武庫、巡查；所謂「外八堂」，即第一、二、三、四、五、六、七、八路碼頭官。

洪江會的組織完全按照哥老會的傳統，現在看來當然有點不倫不類了。入會的人飲雄雞血酒宣誓，誓詞是：「誓遵中華民國宗旨，服從大哥命令，同心同德，滅滿興漢，如渝此盟，人神共殛。」入會的人還要宣讀口號：「六龍得水遇中華，合興仁義四億家，金相九陣王業地，烏牛白馬掃奸邪。」又規定內口號是「同德」，外口號是「擒王」。對入會的人發給布票一張，票面橫書「還我河山」，左邊寫「忠孝仁義堂」，右邊寫「第幾路第幾號」，中間寫上本人的姓名。票底還有四句話是：「一寸三來二寸三，六龍得水遇奇奸，四五連一承漢業，全憑忠孝定江山。」這一套全是哥老會的語言，但是加上了「中華民國」這個概念。依靠哥老會原有的底子，又吸收了許多貧苦百姓參加，洪江會的組織發展得很快，幾個月內，除萍鄉、瀏陽、醴陵外，其勢力還發展到萍鄉以東的宜春、萬載、分宜。

萍鄉的安源有大煤礦，那裡很早就有人用土法採煤。從光緒二十四年（一八九八年）起，張之洞和盛宣懷向德國人借錢，進行洋法開採，還聘請了德國技師。安源煤礦的工人這時約有五千人。在工人群眾中除了祕密的會黨組織外，沒有別的組織。

有個礦工領班蕭克昌是哥老會的一個頭頭，也是洪江會成立時的成員。在安源煤礦中有半數以上的工人漸次加入了洪江會。洪江會的領導人認為自己已有雄厚的基礎，因此才決定在當年農曆年底發動武裝起義。

「大哥」龔春台，原名謝再興，又名張章年，號月樓，湖南瀏陽人。平民出身，早年做過鞭炮工，當過兵。因對清朝政府不滿，憤然加入哥老會，為當地哥老會首領之一。一九〇〇年，參加唐才常的自立軍起義。一九〇四年冬，瀏陽、醴陵一帶的哥老會重要支系洪江會受華興會的影響，參加華興會領導的長沙起義。起義流產後，龔被醴陵、瀏陽和江西萍鄉、宜春一帶的會眾推舉為洪江會總首領。一九〇六年春，在萍鄉蕉園召集數百會眾祕密集合，稱「奉孫中山先生命，組織革命機關，以備驅策」。如同他的老上級馬福益一樣，龔春台忠誠、勇敢、講義氣，能以死生許人。

這年春夏間，湖南發生嚴重水災，官紳囤積居奇，哄抬物價，群眾苦不堪言。貧苦農民和附近礦工群眾紛紛加入洪江會，「不數月間，勢力已蔓延到萍、宜、分、萬、瀏、醴各縣」（鄒永成〈萍瀏醴起義的真相〉）。群眾的反抗情緒高漲，革命時機亦已成熟。

在這種形勢下，一九〇六年七月，龔春台、蔡紹南召集各路首領在萍鄉縣屬大嶺下彈子坑慧歷寺密議武裝起義之事，決定一面籌集資金，購買軍械火藥；一面聯絡哥老會大頭目馮乃古和洪福會首領姜守旦，邀請他們加入洪江會；同時派蔡紹南、魏宗銓赴滬、港、粵聯絡各處革命黨人回應；並往日本東京同盟會總部請示孫中山有關起義事宜，要求接濟新式軍械，確定起義日期。

俗話說：天有不測風雲。由於會員日眾，人言龐雜，時值中秋，麻石酬神演戲，日聚萬人，「洪江會即日起事」之語不脛而走，引起清朝官吏的警覺。十月七日，清兵突襲麻石，會黨群眾猝不及防，不戰而散，第三路碼頭官李經其被清軍追至醴陵白兔潭，投水犧牲。

不久又是重陽節，洪江會眾一千餘人在上栗市為李經其設醮超度，官兵又來查拿，捉去了一個頭目。那時，為運輸安源的煤，已經修築了從萍鄉到株洲的鐵路。在鐵路所過的醴陵縣，群眾加緊鑄造刀矛等武器的情形引起了官方的注意。

起義初發生時，湖南巡撫報告朝廷說，起義的「會匪」有「革命先鋒軍」的名目。江西巡撫也根據萍鄉的情況奏報：「逆匪所過地方只索軍械，令供糧食白布，所搶劫焚殺者皆向辦警察保甲紳士人家為多。到處出有偽示安民，收買人心。」這些情形使官方明顯地看出，將要爆發的起義不是單純的「會匪」行動。在起義地區以外，官方又拿獲了不少同盟會會員，知道這次起義與孫中山領導的同盟會有關，更感到事情的嚴重。後來，兩江總督和江西巡撫在總結事變經過的奏摺中說：「此次匪亂……雖尚無深固巢穴，快利槍械，唯軍以革命為名，意圖煽惑回應」，「係由逆匪孫汶（指孫中山——引者）暗中勾結，倘或日久未平，潛濟精械，後患何堪設想！」（見《辛亥革命資料》第二冊）

此時，蔡紹南與魏宗銓在一九〇六年七月間從湖南來到上海，不巧，孫中山尚在馬來亞各埠忙於吸收同志，捐募款項，購買軍火，無法知道其具體行蹤，所以蔡、魏二人只得準備南赴香港。但是，他們在八月間接到碼頭官李經其犧牲的消息，便不得不折回湖南，大家研究對策。於是李發根決定於年底乘清吏封印時分三路起事：「一據萍鄉安源為根據地；一據瀏陽、醴陵，進攻長沙；一據萬載、宜春，東出瑞州（上高）、南昌，進取江南。」（見《萍瀏醴起義資料彙編》）但十月二十一日，深受安源礦工擁戴的會黨頭目張折卿在醴陵被捕遇害。接著，萍鄉東北萍里，瀏陽上東張陳坊一帶，先後有會黨聚集，準備開山祭旗，約期起義，均被清軍驅散，首領皆被捕遇害。十二月三日，當醴陵會眾正在板杉鋪、鄧家渡趕製旗幟、號衣、刀矛，準備起事的時候，又被官方探悉破壞。

形勢急轉直下，龔春台、蔡紹南、魏宗銓等召集會黨首領在萍鄉上栗市以西的高家臺召開緊急會議，具體商討發難日期及武裝起義事宜。龔、蔡、魏等人因為同長沙的劉道一聯繫斷絕，認為軍械不足，主張稍緩以待後援，但各路會黨首領則都主張「乘清軍尚未準備之時，急速發動」。他們認為，洪江會能號召的群眾為數已經很多，再把當地的哥老會等組織發動起來，是可以打開局面的。會議通宵進行，雙方久久相持不下。洪江會激進分子廖叔保不耐再拖延下去，於次日獨自在麻石集眾二三千人高舉「大漢」白旗，宣布起義。事已至此，勢成騎虎，迫使龔春台、蔡紹南不得不以總機關名義通知各路會黨首領率部同時發動起義。十二月四日，萍、瀏、醴起義正式全面爆發。

由於醞釀的充分，起義群眾積蓄已久的革命義憤激揚，洪江會的義旗一舉，群眾如潮水般湧來，迅速發展至三萬餘人。在醴陵，主要為農民、巡防營士兵、碗廠工人；在瀏陽，主要為會黨；在萍鄉，主要為恂及、萱溪一帶的礦工。起義軍很順利地占領了麻石、高家頭、金剛頭、高家臺等處。十二月六日，龔春台集結麻石的起義軍二萬餘人，頭繫白巾，持土槍、土炮、大刀、木桿、鋤頭等聲勢浩大地向上栗市進發。駐守的清軍聞風而逃，義軍旋占領上栗市，並在上栗市對部隊進行了整編。起義軍冠以「中華國民軍南軍革命先鋒隊」的名號，公推龔春台為都督，蔡紹南為左衛都統領兼文案司，魏宗銓為右衛都統領兼錢庫督糧司，廖叔保為前營統帶兼急先鋒。其營制：六百人為一營，三千人為一軍。並以「中華民國政府」名義，發布〈中華國民軍起義檄文〉，歷數清政府投降賣國「致列國趁機侵占要區」、「權力贈與外人」、「政治紊亂，民生塗炭」等十大罪狀，提出「破除數千年之專制政體，不使君主一人獨享特權於上，必建立共和民國，與四萬萬同胞享平等之利益，獲自由之幸福」。此中可以看出，比較完全意義上的民主革命綱領，第一次以起義檄文的形式在中國大地上公布了，這也表明萍、瀏、醴起義一開始就具有民主革命的性質。（檄文見本章後附）

然而，我個人以為，這件檄文固然大義凜然，文辭慷慨，卻應屬起義的殘餘同志或後之好事者所偽造。我的理由有三條：一、現今距起義不過百年，卻沒有發現檄文原件；二、劉道一遠在長沙，並沒有隨軍參謀，龔春台他們召開高家臺會議商議起義具體事宜，尚且以不能與劉道一商量為憾，何得如此思想縝密之文告？三、此檄文太多地化用了孫中山的語言。按一九〇六年十二月二日，在東京神田錦輝館舉行的《民報》紀元節慶祝大會上，面對六七千聽眾，孫中山先生作了〈三民主義與中國民族之前途〉的講演，講了兩個鐘頭左右，講辭充滿了精闢的語句，例如：「我們並不恨滿洲人，是恨害漢人的滿洲人。假如我們實行革命的時候，那滿洲人不來阻害我們，我們絕無尋仇之理。」「至於民權主義，就是政治革命的根本。……唯尚有一層最要緊的話，就是凡革命的人，如果存有一些皇帝思想，就會弄到亡國。……如果革命家（為了皇帝地位）自己相爭，四分五裂，豈不是自亡其國？一說到民生主義，……我們這回革命，不但要做國民的國家，而且要做社會的國家，這確是歐美所不能及的。歐美為什麼不能解決社會問題？因為沒有解決土地問題。……解決的法子，社會學者所見不一，兄弟所信的是定地價的法子，比方地主有地價值一千元，可定價為一千元，或多至兩千。那地將來因交通發達，價漲至一萬，地主應得兩千，已屬有益無損。贏利八千，當歸國家。……中國行了社會革命之後，私人永遠不用納稅，但收地租一項，已成地球上最富的國。」（《民報》第十號，一九〇六年十二月二十日）再對照看龔春台的檄文，用的完全是孫中山的語言，反而凸現了疑點。當然，這是書生的一孔之見，只能供參考而已。

這時，瀏陽有一個會黨頭子姜守旦沒有參加洪江會，自號洪福會。他率領所部響應龔春台的起義，但他另以「新中華大帝國南部起義恢復軍」的名義發布檄文。檄文中表示，起義的目的只在於推翻清朝滿族統治，「勿狃於立憲專制共和之成說，但得我漢族為天子，即稍形專制」，雖然也有很多人擁護，就完全是舊式會黨的口吻了。

洪江會的軍事行動的計畫是怎樣的，沒有直接的材料可考。據清朝官員文書說，他們預定在十二月起事後「軍分三股，一踞瀏陽以進窺長沙；一踞萍鄉之安源礦路，以為根據之地；一由萬載東竄瑞州南昌諸郡，援應長江」。這可能就是他們所預定的計畫。但是行動的時間在倉促中提前了，領導力量又很薄弱，這樣的計畫當然不能實現。對於姜守旦那種另立旗號的部隊，洪江會固然指揮不了，就是在洪江會旗幟下的力量，也因為是以組織散漫的哥老會為基礎，並不能在統一指揮下擰成一股繩，而是在各地分股活動。這種情形是這次起義沒有能得到較大成就的根本原因。事先，清朝官方非常擔心安源煤礦發生動亂，所以這裡防範甚嚴。起義發生後不多天，官方就誘捕了洪江會在安源的領袖人物蕭克昌，把他殺害。雖然有一部分礦工跑出去參加起義，但是整個煤礦並沒有能發動起來，否則，起義的聲勢還會更大一些。江西巡撫吳重熹和湖南巡撫岑春蓂立即出動兵力，分別進攻萍鄉、瀏陽各處的起義部隊。起義部隊時聚時散，伺機反擊，官軍不能取得全勝，反而屢受挫折。

自從龔春台正式起義以後，萍鄉、瀏陽、醴陵三縣的若干村鎮，紛紛有會黨響應，總數不在三萬人以下。最難得的是：他們的紀律特別好。清廷的兩江總督端方與代理江西巡撫瑞良在他們的「會奏」之中說，「當匪踞各處之初，並未肆行劫掠；所至只索軍械、糧食、白布等」。因此，他們到處都受老百姓歡迎。例如，在十月二十一日起義軍進入瀏陽東南、萍鄉西北的重鎮上栗市的時候，老百姓放了爆竹迎接他們，民心的嚮往增大了起義的聲勢，使得駐防的清兵不敢戀戰。清軍的江西巡防營左軍統領袁坦在打給江西巡撫兵備派辦處李協統的電文中就說：「此間鄉民，兵到即民，兵去即匪。」

起義的消息使清政府極為震動，先後派出約五萬人的精銳部隊前往鎮壓。為了對付這三萬左右的革命軍，清廷前後所抽調的贛湘鄂蘇四省的兵，計有（一）江西巡防營左軍；（二）江西常備軍第一標第二營；（三）湖南常備軍六營之中的五個營；（四）湖北二十九標步兵三營，炮兵兩隊，及第四十二標（團）全標；（五）原駐江蘇的第三十四標全標。

起義也引起了帝國主義的恐慌。德、日政府先後向清政府問訊，並派出軍艦上駛岳州。據有關資料，當時在長沙流域觀察動靜的英、美、俄、法、德、義各國軍艦在十三艘以上。

面對全副新式武裝的敵人，起義軍英勇奮戰。十二月八日，龔春台率義軍主力進攻瀏陽文家市，留沈益古領眾五六百人據守上栗市，截擊萍鄉縣城方面來的清軍，然後分左、右兩路軍向瀏陽縣城進發。革命軍目標，是瀏陽縣城。倘若拿下了這並無城牆的縣城，便可以取得大量的糧食，又可以順著瀏陽河而下，西攻長沙。左路軍由蔡紹南統率，右路由龔春台、魏宗銓統率，左、右兩路在楓林鋪會師，與清軍梁國楨部激戰，占據瀏陽城外的南市街。十二月九日晚，清軍乘虛襲擊上栗市，由於守衛力量薄弱，上栗市失守。十一日，龔春台率義軍再攻瀏陽城不克，是夜清軍突襲南市街洪江會義軍，義軍猝不及防，退走牛石嶺。激戰之中，義軍所攜火藥中彈爆炸，頓時一聲巨響，濃煙沖天，義軍慘死數十人，餘眾驚竄。敵軍掩殺過來，以致敗績，鄧廷保等人死難，龔春台、蔡紹南化名往投普集市馮乃古處。蔡不幸中途被捕，旋遇害。龔春台到達普集市時馮乃古已被清政府誘殺，龔不得已潛往長沙，至辛亥長沙起義時始再出現。

十二月十二日，醴陵北路軍總統譚石基部見清軍大舉東出，趁機於官莊一帶再舉，終因勢單力薄而敗。也就在龔春台所率義軍同清軍日夜鏖戰的同時，姜守旦所統洪福會義軍也起而回應，於十二月七日在瀏東永和市正式宣布起義。次日，姜守旦聞龔軍已動兵攻瀏陽，遂踐前盟，結集大旗山、大光洞、九雞洞等地會眾約萬人，進攻瀏陽縣城。九日中午途經三元宮時，姜守旦信迷信，進廟求神問卜，問何時攻城吉利。卜准戌時，故一直等到戌時，姜才率部進攻瀏陽城，在洗藥橋與清軍大戰。

由於耽誤戰機，又因軍械缺乏不能得手，十四日後各處清軍源源開到，反被包圍，內外受攻，被迫渡河退到牛石嶺，與清軍交戰數次，均失利。二十日，誤走沙鋪，幾乎全軍覆沒，姜守旦受傷遁走，不知所蹤。

清政府在鎮壓了起義大軍後，為了撲滅義軍餘部，乃頒布《清鄉章程》，在萍鄉、宜春、萬載、瀏陽、醴陵等縣同時大舉清鄉，捕殺起義群眾歷「三閱月」，魏宗銓、廖玉山等均遇難，革命群眾先後被殺者達萬人以上。

轟轟烈烈的萍瀏醴大起義就這樣悲壯地失敗了。

恨東風不借，世間英物！

東京的同盟會本部是在起義爆發後的第八天才從報紙上知道這次起義的。孫中山和黃興立即派出楊卓林、寧調元、譚人鳳等會員回國，分赴湖南、湖北、江蘇、安徽、江西各省，企圖組織力量，回應此次起義。但這些回國的人幾乎都在各地被官方查出來了。他們被捕後，有叛變投降的，如在同盟會本部任幹事的孫毓筠，他是大學士孫家鼐的侄孫，在南京被捕後立即向兩江總督端方搖尾乞憐，招供同盟會的一切組織情形。多數會員英勇犧牲，如楊卓林，他是小販出身，又當過兵，在日本留學時加入同盟會，這次回國後想聯絡江蘇、浙江的會黨，卻在上海結識了兩個由端方派出的冒充會黨頭目的密探，他被騙到揚州遭捕後，表示寧死也不放棄革命立場，因而被殺。

起義爆發時，劉道一正在長沙作起事的最後部署。由於提前舉事，運動成功的不少新軍官佐請假或出差離開長沙。聽聞萍、瀏、醴已經發難的消息，劉道一遂日夜加緊聯絡，並親往衡山聯繫，本想與東京的同盟會總部取得聯繫，但用密語寫的電報都被扣發，在返回長沙途中不幸為清兵逮捕。劉道一在監獄牆壁上題下絕命詩：

大地方興三字獄，但期吾道不終孤。
捨身此日吾何惜，救世中天志已虛。
去國齊夷泣孤竹，對床風雨誤高梧。
海山珍重原鶺翼，莫作天涯寄弟書。

從現存留世的照片來看，劉道一確如熊希齡所講的「恂恂書生，貌如婦人女子」，然其「白刃可陷，臨難不避」，當其被拷打得「肌膚盡裂，流血遍地」，體無完膚時，厲聲相告：「士可殺，不可辱，死即死耳！」清吏便將搜得他刻有「鋤非」二字的印章作為罪證，十二月三十一日，劉道一被押解至長沙瀏陽門外殺害。「魁劊舉刀斫之，四擊乃斷其頭」，死狀極為慘烈，時年僅二十二歲，世稱同盟會第一烈士。

劉道一的妻子曹莊當時正在長沙周南女學堂讀書，聞訊後痛不欲生，即在校內懸梁自盡，為人救起；兩年後哀痛難耐，再度於家中殉情。慘遭家難，劉道一父親劉方嶢後未久亦病亡。

萍瀏醴起義失敗和劉道一犧牲的噩耗傳到日本後，留日同盟會員痛心疾首，紛紛請纓歸國殺敵。黃興悲憤不已，亦作詩哀悼：

英雄無命哭劉郎，慘澹中原俠骨香。
我未吞胡恢漢業，君先懸首看吳荒。
啾啾赤子天何意，獵獵黃旗日有光。
眼底人才思國士，萬方多難立蒼茫。

孫中山生平很少寫詩，痛失愛將，揮淚寫輓詩一首云：

半壁東南三楚雄，劉郎死去霸圖空。
尚餘遺孽艱難甚，誰與斯人慷慨同。
塞上秋風悲戰馬，神州落日泣哀鴻。
幾時痛飲黃龍酒，橫攬江流一奠公。

這首詩慷慨悲壯，真情流轉，一氣呵成。第一聯境界闊大；第三聯上句分明寫失去主人的戰馬，卻又使人聯想到戰亂頻仍的中國；下句分明寫友人的訃訊，卻又使人聯想到哀鴻遍野的現實。整首詩表現了孫中山對這位年輕戰友的高度評價，在中山先生留存下來不多的詩詞中當為翹楚。

三

有些史書上說，一九〇六年萍瀏醴大起義是同盟會領導的一次大規模武裝起義，對此我是不敢認同的。我認為，萍瀏醴大起義是在同盟會影響下以會黨為主要成分的一次武裝反清起義。龔春台等「草根英雄」和犧牲的一萬平民百姓功不可沒。

如果揆之以成敗，我認為只能算是五五開。

其成果之犖犖大者有兩端。

其一，誠如孫中山在《孫文學說》中「有志竟成」的一章裡說：「當萍醴革命軍與清兵苦戰之時，東京之會員莫不激昂慷慨，怒髮衝冠，亟思飛渡內地，身臨前敵，與虜拚命。每日到機關部請命投軍者甚眾，稍有緩卻，則多痛哭流淚，以為求死所而不可得，苦莫甚焉。其雄心義憤，良足嘉尚……由此而後，則革命風潮之鼓蕩全國，更為從前所未有。」這次起義沉重地打擊了清朝統治者，動搖了清政府的統治基礎，鼓舞了無數湖南革命黨人前仆後繼地出現在反清戰場上，推動了全國革命形勢的進一步高漲，成為辛亥革命的前奏。當時有日本友人就在《革命評論》上說：「吾人

深信，作為全國革命軍之中堅『湖南革命軍』，必有捲土重來之日。」（見《萍瀏醴起義資料彙編》）

其二，這次起義，起義軍冠以「中華國民軍南軍革命先鋒隊」的名號，並以「中華民國政府」名義，發布〈中華國民軍起義檄文〉，實在是了不得，引爆了一枚「政治炸彈」，使這次「草根」起義具有了民主革命的性質。

萍瀏醴大起義被清廷鎮壓，三萬義軍被屠殺了一萬，這當然不是一次勝利。究其敗因，其犖犖大者亦有四端。

其一，同盟會雖則介入，但沒有擔負起領導的實責。出於利用會黨的目的，幹將劉道一只是集合龔春台等人在長沙水陸洲的漁船上開過一次會，就留在長沙與同盟會總部聯繫，並沒有到萍瀏醴起義現場指揮。「劉郎死去霸圖空」的「霸圖」內容究竟如何？又如何落實呢？蔡紹南與魏宗銓未能在舉事前與同盟會總部取得聯繫，到了上海，又因李經其之死而折回湖南。這就說明同盟會沒能與聞起義的計畫，更談不上制定。孫中山與同盟會總部的同志從日本報紙上看到了此役的消息，就派了兩批人回國援助，甲批劉震等三人僥倖脫險，乙批胡瑛等三人，在武昌即被叛徒出賣，有的遇害，有的被判監禁。

其二，起義的領導人缺乏軍事才能。原定十二月底起事，而在十月十八、十九日倉猝提前，軍械彈藥與幹部人選均無準備。《張國燾回憶錄・第一章洪江會起義》有這麼兩段話：

龔春台不過是洪江會萍瀏區域的大頭目，並不是整個洪江會的最高首領。洪江會的大首領是哥老會的馬福益。龔春台的造反計畫是將各處集合起來的會眾，一起集結在瀏陽南部的某個地點，由他統率浩浩蕩蕩地殺到瀏陽縣城去。他心目中大概以為占領瀏陽縣城是一件輕而易舉的事，他設想只要占領了瀏陽縣城，將造反的旗幟高高樹立起來，散布在各地的洪江會就會聞風回應。

龔春台和其他洪江會頭目們發展黨徒和辦理賭場，表現得很能幹，但對於作戰一事，卻缺乏應有的準備。據說龔春台確曾集結了一支兩萬多人的隊

廣告回信
台北郵局登記證
台北廣字第04543號
(免貼郵票)

寄件人姓名：

寄件人地址：

□□□-□□

106-82

臺北市信義路四段98號12樓之2

龍圖騰文化有限公司 收

(官網：http://www.dragontcc.com/index.htm)

龍圖騰
文化有限公司

龍圖騰文化◎讀者回函卡

◎感謝您購買＿＿＿＿＿＿＿＿＿＿＿＿＿一書（請填寫書名）

為提升服務品質及瞭解您的需求，請您詳細填寫本卡直接寄回（免貼郵票）或傳真至本公司，我們會虛心接受您的寶貴意見，謝謝！

1.性別：□男　□女　　2.生日：西元＿＿＿年＿＿＿月＿＿＿日

3.聯絡電話：（日）＿＿＿＿＿＿＿＿（夜）＿＿＿＿＿＿＿＿

4.電子信箱：＿＿＿＿＿＿＿＿＿＿＿＿＿＿＿＿＿＿＿＿

5.學歷：□國中（含）以下　□高中職　□大專　□研究所（含）以上

6.職業：□學生　□教育　□軍警公職　□製造業　□金融業
□資訊業　□傳播業　□自由業　□服務業　□農漁牧礦
□家管　□其他

7.購書地點：□實體書店　□網路書店　□郵購　□書展
□量販店　□便利商店　□租書店　□其他

8.您從哪裡得知本書消息？（可複選）
□實體書店　□網路書店　□網路搜尋　□報紙／雜誌
□書訊　□親友推薦　□試讀本　□廣播／電視　□其他

9.您對本書的評價：（請填代號 1.非常滿意 2.滿意 3.尚可 4.需改進）
封面設計＿＿＿版面編排＿＿＿內容＿＿＿文／譯筆＿＿＿價格＿＿＿

10.您對我們的建議：

＿＿＿＿＿＿＿＿＿＿＿＿＿＿＿＿＿＿＿＿＿＿＿＿

＿＿＿＿＿＿＿＿＿＿＿＿＿＿＿＿＿＿＿＿＿＿＿＿

部落格：http://dragontcc.blogspot.com
FB粉絲團：http://www.facebook.com/dragontcc
電話：02-2704-3265
傳真：02-2704-3275
E-mail：dragontcc.tw@gmail.com

伍，聲勢不為不大。可是他並沒有組織起一個有效率的指揮機構，那些大小頭目們又都是臨時集結起來的新手，顯得有些盲人瞎馬。因此，這支龐大的隊伍在兩天的行動中，不能按時合理進餐，有些分不到房屋休息，居住行動又無規律，受盡饑餓、寒冷、疲憊等折磨。而且這支莫名究竟的農民隊伍，在造反心理上是沒有得著充分鼓舞的。這群人遇到困難就容易發生逃亡回家的想頭，也不曾充分警覺到造反失敗後的嚴重後果。

應該說，張國燾所說還是符合實際情況的。信筆至此，我想到了熱血少年陳天華的〈絕命書〉。陳天華在書中語重心長地說：

蓋革命有出於功名心者，有出於責任心者。出於責任心，必事至萬不得已而後為之，無所利焉。出於功名心者，己力不足，或至借他力，非內用會黨，則外恃外資。會黨可以偏用，而不可恃為本營。至於外資，則尤危險，菲律賓覆轍可為前鑑。

不以會黨為主力，又不恃外資，那麼，用什麼力量來革命呢？陳天華說：「舉中國皆漢人也，使漢人皆認革命為必要，則或如瑞典、挪威之分離，以一紙書通過而無須流血焉可也。故今日唯有使中等社會皆知革命主義，漸普及下級社會。斯時也，一夫發難，萬眾響應，其於事何難焉？若多數猶未明此義而即實行，恐未足以救中國而轉足以亂中國也。」

陳天華和會黨接觸過，他的話，可謂有感而發。後來，孫中山與黃興似乎認識愈益清晰，自從乙未廣州之役之後，便已側重於「思想戰」工作了，而且在同盟會的「軍政府宣言」之中，明白指出：「前代為英雄革命，今日為國民革命。所謂國民革命者，一國之人皆有自由、平等、博愛之精神，即皆負革命之責任，軍政府特為其樞機而已。」

其三，統率江蘇派來的清軍的第九鎮統制徐紹楨，及其部屬如趙聲、倪映典等人，原為革命同志，卻無法與龔春台等義軍聯絡，以致想幫助革命軍而無從著手。

其四，姜守旦不應該另打旗號，贊成對清革命而反對建立民國，更不該於龔軍未及會師以前，單獨向瀏陽城進攻。廖叔保更不應擅自率眾在麻石提前舉事。

有此四端，萍瀏醴大起義焉得不敗！

大江東去，浪淘盡，千古風流人物。革命總是呈波浪式向前推進的，有高潮，也有低潮。因此，當湖南當局認為他們已取得反革命的勝利，已將萍、瀏、醴的大火撲滅，從而進一步搜刮百姓、盜賣糧食時，在一九一〇年隨著又爆發了巨大的長沙「搶米」風潮。

附：

中華國民軍起義檄文

龔春台

黃帝紀元四千六百零四年，歲次丙午（光緒三十二年，一九〇六年）十月吉日，中華國民軍南軍革命先鋒隊都督龔，奉中華民國政府命，照得韃虜原係東胡異族，遊牧賤種，自漢隋唐宋以來，久為我中華漢族之寇仇。有明末造，韃虜逞其凶殘悍惡之性，屠殺我漢族二百餘萬，據我中華，竊我神器，奴淪我同胞。我黃帝神明之胄四百兆之眾，隸於奴界已二百六十年於茲。漢族為亡國之民，中華隸犬羊之宇，凡我叔伯昆仲諸姑姊妹，曷任傷心！太平天國起義師於廣西，誓必驅逐韃虜，恢復中華，以雪滅國之恥。乃曾國藩、胡林翼等，不明大義，罔識種界，認盜為父，呼賊作君；竭湘軍全力自戕同種，致使漢族得恢而復堙，胡氛將滅而又振。湘人之罪，涸洞庭之水不能洗其汙，擬衡嶽之崇不能比其惡，凡我湘人，實無以對於天下。今者言清種界，特興討罪之師，率三湘子弟，為天下先，冀雪前恥，用效先驅。特數韃虜十大罪惡，昭告天下，以申撻伐。

韃虜逞其凶殘，屠殺我漢族二百餘萬，竊據中華，一大罪也。韃虜以野蠻遊牧之劣種，蹂躪我四千年文明之祖國，致列強不視為同等，二大罪也。韃虜五百餘萬之眾，不農不工，不商不賈，坐食我漢人之膏血，三大罪也。韃虜妄自尊大，自謂天女所生，東方貴胄，不與漢人以平等之利益，防我為賊，視我為奴，四大罪也。韃虜挾「漢人強，滿人亡」之謬見，凡可以殺漢人之勢制漢人之死命者，無所不為，五大罪也。韃虜久失威信於外人，致列國趁機侵占要區，六大罪也。韃虜為誇外人保護虜廷起見，每以漢人之權利贈給外人，且謂「與其給之家奴，不若贈之鄰封」，七大罪也。韃虜政以賄成，官以金責，致政治紊亂，民生塗炭，八大罪也。韃虜於國中應舉要政，動以無數中止，而宮中宴飲，頤和園戲曲，動費數百萬金，九大罪也。韃虜假頒立憲之文，實行中央集權之策，以削漢人之勢力，冀固虜廷萬世帝王之業，十大罪也。其餘種種罪惡，不能盡書。特舉大略，以昭天討。

凡我漢族同胞，無論老少男女農工商兵等，皆有殄滅韃虜之責任。務各盡爾力，各抒爾能，以速成掃除醜夷恢復漢家之鴻業。至現在為虜廷官吏者，宜革面反正，出郊相迎；若仍出曾胡之故智為虜出力者，以韃虜視之，殲殺無赦。現在為虜廷將弁營勇者，宜聞風回應，倒戈相向，若仍效湘軍之故智死力相抗者，以韃虜視之，殲殺無赦。本督師建立義旗，專以驅逐韃虜收回主權為目的。凡本督師所到之處，即漢族恢復之處，農工商賈，各安其業，不稍有犯。外國人之生命財產，竭力保護，不稍有犯。教堂教民，各安其堵，不稍有犯。當知本督師只為同胞謀幸福起見，毫無帝王思想存於其間，非中國歷朝來之草昧英雄，以國家為一己之私產者所比。本督師於將來之建設，不但驅逐韃虜，不使少數之異族專其利權！且必破除數千年之專制政體，不使君主一人獨享特權於上；必建立共和民國，與四萬萬同胞享平等之利益，獲自由之幸福。而社會問題，尤當研究新法，使地權與民平均，不致富者愈富，成不平等之社會。此等幸福，不但在韃虜宇下者所未夢見，即歐美現在人民亦未能完全享受。凡我同胞，急宜竭力以掃除腥膻，建立樂國。須知中國者，中國人之中國；漢族者，世界最碩大最優美之民族。被韃虜奴隸之，宰割之，天下之恥，孰有過於此者？況韃虜用意險惡，自咸同以來，利用以漢人殺漢人之手段，當鋒刃、禦炮彈者漢人；論功行賞，握要權、執大政者則仍滿人。我漢人何罪，當為滿奴？漢人何劣，當被韃虜食其肉而吸其血？故韃虜一日不殲滅，即主權一日不收回，漢族一日不存活。今政府已立，大漢即興，韃虜罪惡貫盈，天所不佑。凡我漢族，宜各盡天職，各勉爾力，以速底韃虜之命，而贊中華民國之成功。用申大義，布告同胞，急急如律令。檄。

第六章
搶米！搶米！搶米！

長沙「搶米」風潮頗為奇特，突兀而來，雷霆萬鈞，風雨如磐，主角竟是市井百姓草根眾生，抗爭的核心問題竟只是為了微芥之米。以草根小民爭微芥之物，而竟演變成為中國近代史上的重大歷史事件，成為清朝覆亡、民國建立前最大的一次民變，實為古今一大奇事。

一

前面敍述辛亥前十年發生在長沙府的幾次大的社會動盪，其中華興會起義和萍瀏醴大起義是武裝抗爭，民間俗稱武鬥，一為海歸知識分子領導，一為哥老會頭目領導；而立憲運動和公葬陳、姚是政治抗爭，民間俗稱文鬥，均為紳士階層所領導。本章所敘長沙「搶米」風潮則頗為奇特，突兀而來，雷霆萬鈞，風雨如磐，主角竟是市井百姓草根眾生，抗爭的核心問題竟只是為了微芥之米；而湖南素稱魚米之鄉，長沙古列四大米市，以草根小民爭微芥之物，而竟演變成為中國近代史上的重大歷史事件，成為清朝覆亡、民國建立前最大的一次民變，成為一段刻骨銘心的長沙記憶，實為古今一大奇事。而奇中有正，從中可以折射出以往長沙社會的積弊積怨，預示以後歷史的演繹和走向。天若有情天亦老，人間正道是滄桑！此之謂也。

據《近代中國災荒紀年》（湖南教育出版社，一九九〇年版）記載，一九〇九年（宣統元年）夏，岳、常、澧各屬連續六年發生大水災，荊江決口四百餘丈，山洪咆哮而來，濱江濱湖各州縣田禾概被淹沒，一直延續到秋冬之間，以致補種無望，

「收成不及七分」；而重災區域如南洲一帶，幾至「顆粒無獲，倉廩空虛」。因此，自秋收之日起，穀米市場便出現了緊張情況，「入倉之時，價即比常昂貴」。（王先謙等〈上岑中丞禁米出境公呈〉，《湘變紀略》宣統二年鉛印本）

湖南各地幾十萬饑民流離轉徙，生活處於極端艱難之中。雪上加霜的是，鄰省湖北也是連續六年洪災，淫雨綿綿，大量饑民湧入湖南求食，更加重了湖南米荒的嚴重性。這樣一來，湖南因災而致「樹皮草根剝食殆盡，間有食穀殼、食觀音土，因哽噎腹脹，竟至斃命者」；長沙城裡「老弱者橫臥街巷，風吹雨淋，凍餓以死者，每日數十人」；「婦女無處行乞，母子相抱而泣，或將三五歲小孩忍心拋棄，幼孩餓極，便取街道糞渣食之」。

諺云：「湖廣熟，天下足。」湖南向有天下糧倉之稱，常年生產的穀米除了供應本省之外，還供應全國各缺糧地區。是年的天災使穀米收成受到嚴重損失，供應本省已經不足，但是官僚、地主、投機商人卻把人民的災難看做是大發橫財的好時機。「奸商覷得厚利者，紛紛囤積居奇，而不肖官吏，復陰與首尾，時時私運出境。」（《湖南近百年大事紀述》）據劉泱泱主編《湖南通史》，當時葉德輝一家存穀就有一萬多石，楊鞏家約有七八千石。王先謙、孔憲教等人也都有大量存糧。一般米商亦存糧不少。在地主、豪紳、奸商囤積糧食的同時，湖南穀米出境的數量也急劇上升。往年，沿江各省歉收多從湖南採購，是年也不例外。以湖北為例，一九〇九年，湖南雖罹巨災，「而鄂中大吏猶沿襲往時故事，資湘米以供鄂食」（《國風報》第一年第八期「中國紀事」），每月運走糧食十萬石以上。

英、美和日本鑑於南方各省穀米奇缺，可以獲得暴利，是年夏、秋之間趁火打劫，竟通過長沙各洋行，直接與湖南巡撫岑春蓂簽訂關於運米出境的照紙，並經清政府外務部批准。外國商人更相率攜帶巨金，進行搶購，並勾引大批外地奸商深入產地，「坐收分購，輪船裝運，絡繹於途」，明運可稽查者「每月二三千石」。「至派司轉口，不領運單」，偷運出境者，「為數尤巨」。特別是日本，二十世紀初，由於城市人口的迅速增加，每年需進口糧食三百萬至五百萬石，其中相當一部分購自湖南。日商從漢口將日本棉紗運到湖南，歸途中將湖南大米運到漢口，然後再轉運至日本，以此牟利。

外商操作下湖南穀米的大量出境，與劣紳、奸商的囤積糧食發生了利害衝突。

因此，一九一〇年三月初，王先謙等聯合布政使莊賡良，要求岑春蓂禁運穀米出省。「岑撫畏外人甚，弗敢較」，加之岑、莊有權力之爭，岑春蓂本來就對王先謙、葉德輝不感興趣，因此，不允所請。正在這個時候，長沙四鄉百姓吃排飯的一天天增多，外縣饑民也大批湧進省城。岑春蓂見事態嚴重，於三月十七日電請北京軍機處轉商外務部批准，解除和日、英、美所訂購糧照約並通知各洋行禁運穀米。禁運穀米出境的告示發布後，帝國主義各國駐華使領卻恃強要按一九〇二年中英商約的規定，宣稱在禁令公布二十一天之後才能施行。因此，「華洋商販，爭相購運」，「趁此兩旬之內，盈千累萬，連檣下駛」，「岳州關每日收米厘三萬餘串（每石四百錢），兼旬以來，出口之米，已數百萬石」。穀米大量出省，糧荒更加嚴重。據王先謙等人呈報的調查數字，三月下旬，省城公私「存穀不滿三十萬石，即顆粒不外溢，不足兩月之食」。（劉泱泱主編《湖南通史》）

其時，距新穀登場之日尚遠，而商紳地主的囤積活動更加猖狂，米價扶搖直上，一日數漲。往年，長沙米價每石常在二三千文上下，一九〇六年水災時也不過四千文；這時猛增到七八千文，而且漲勢並未剎減。各米店皆懸牌書「早晚市價不同」

六字（《國風報》第一年第八期「中國紀事」，〈長沙亂事〉），人心惶怖，局勢更形動盪。

這是一個危險的信號！誠如武昌首義二十天後，嚴復在致《泰晤士報》駐北京記者莫理循的一封信裡，把「這場起義的遠因和近因」歸納為四點，末一點則是「近幾年來長江流域饑荒頻仍，以及商業危機引起的恐慌和各個口岸的信貸緊縮」（《清末民初政情內幕》上冊，上海知識出版社一九八六年版）。顯而易見，頻繁而普遍的自然災害被認為是辛亥革命運動發生的一個直接誘因，當然也是長沙「搶米」風潮的直接誘因。在饑餓的煎迫下，具有光榮的反帝反封建抗爭傳統的湖南人民對帝國主義、封建勢力的積憤一起迸發出來，在湖南省長沙爆發了一場聲勢浩大的「搶米」風潮。

二

「搶米」風潮是從長沙南門外發生的一起悲劇事件開始的。事情的緣起看起來既偶然又單純。一九〇四年四月十一日，長沙米價每石突破了八千大關。這一日上午，長沙南門外碧湘街烏春巷以挑賣河水為生的貧民黃貴蓀之妻，拿了丈夫挑賣水得來的所有制錢（清末長沙沒有自來水，居民多買河水飲用，故時有挑賣水這一職業），趕到碧湘街戴義順碓坊，想以八十文制錢買一升米，煮點稀飯一家人充饑。米商以其中雜有不通行的制錢數文為由，要求其斛換。黃妻回家借得通行錢後，再往戴義順碓坊，不料米價卻已漲至每升八十五文。通貨膨脹讓黃妻感到絕望，她「採取了無力抵禦的最後一招」，跳入老龍潭中自殺而死。

老龍潭又名錫山塘，位於南門城外妙高峰下東南方。原來老龍潭水面廣闊，與城南書院（今湖南第一師範）的納湖相連，宋朝朱熹、張栻就是直接在老龍潭登舟經大椿橋前往朱張渡的。清代的老龍潭水面依舊遼闊，野水荒煙，平時很少有人去，每年總有幾十個窮苦人到這裡投潭自殺。傳說太平天國西王蕭朝貴打長沙中炮犧牲後，屍體曾埋入老龍潭，後被湖南巡撫張亮基挖去請功。現在潭水乾涸，呈現在人們面前的則是一條白沙路了，還留下了老龍街、老龍井等地名。

再說黃貴蓀挑河水叫賣了一天，黃昏回家，家中不見一人，驚疑不定。有人告訴他：「你堂客帶著兩個細伢子往老龍潭那邊去了！」黃大驚，趕到潭邊，知道了已發生的一切，哀痛不能自己，萬念俱灰，於是帶著在潭邊哭泣的兩個小孩，一同投入老龍潭中。

此消息很快就在長沙城內的市民中傳播開來。大街小巷，廟宇茶樓，紛紛議論，還編成〈竹枝詞〉傳唱。當時就有人咒罵：「戴義順為富不仁，高抬米價，逼死人命！」並要求米商為四位死者備辦棺材。

次日，也就一九一〇年四月十二日，這一天正是長沙人過「三月三」的時候。長沙俗諺：「三月三，地菜煮雞蛋。」在這一天，人們習慣用薺菜、紅棗煮雞蛋吃，祈求康泰吉祥。這當然是個好日子。不料在南門外碧湘街的戴義順碓坊又發生了類似事件。

清末的長沙，四圍還有高高的城牆，由南門口出城，過了護城河上的木吊橋，沿著一條麻石小徑，就可到碧湘街。那是一條東西向的小街，行人稀少，兩旁到處是菜園、孤墳，很荒涼。街東段的里仁巷口有個米店，叫做戴義順碓坊。所謂碓坊，就是店內設有石碓，雇工碾穀，自碾自賣。當然，如果沒有石碓，就直接稱米店了。當時長沙城廂內外有米店、碓坊八百多家，幾乎遍布每條街。碧湘街戴義順碓坊不算大，有五六張碓，一個大米桶，五六個傭工，老闆名叫戴義順。這個戴義順是長沙人，為人狠毒。他在四月十一日高抬米價逼死黃貴蓀一家之後，次日若無其事，依然開板子做生意。

是日上午，穀米因巡撫部院出示壓價，一度下降至每石七千文。可是，下午仍然回漲。有一老嫗持錢七十四文前往戴義順碓坊想買米一升，可戴義順說錢爛了，要換；待老嫗回家湊足錢再往碓坊時，米價又上漲了兩文，要七十六文一升。這是與先天死去的黃妻同樣的遭遇，而這位老嫗採取了與黃妻不一樣的抗爭方式。老嫗斥店主無理：「我一轉背，你又漲價，哪裡這樣沒良心！」

戴義順白眼一翻，譏諷道：「哪個跟你講了不漲價？」

老嫗氣得直哆嗦：「你這不明明是欺負我這婆婆子嗎？剛才你只說錢爛了，要換；等我換了好錢來，你又要漲價！」

戴義順眉毛一豎，叫罵道：「你咯雜婆婆子！漲價又不是我一個，你鬧什麼？

你看！」——手指門口懸掛的一塊牌子，「早晚時價不同」。

這時，四坊鄰居和過往行人聽見爭吵，都圍過來看，店主反脣辱罵，鄰眾則紛紛為老嫗抱不平。這戴義順仗著自己是這幾條街的團總，是官府在地方上的打手和鷹犬，哪裡還怕這些弱小百姓，當然益發聲色俱厲。

恰巧碧湘街靈官廟因天災不斷，許下神願，正演皮影戲酬神。看戲的群眾聞訊趕來，看到眼前的情形，立刻聯想至昨晚發生的慘劇，都壓抑不住心中的憤怒。這時木匠劉永福義憤填膺，從人群中衝出來，朝戴義順胸口就是一拳，把他打倒在地。劉永福大手一揮：「大家只管打，打死了人，歸我負責！」

就這樣，群眾吆喝著衝進店面，將戴義順一陣暴打，將碓坊砸得稀巴爛。應該說，直到這個時候，群眾抗爭的矛頭還只限於戴義順碓坊。

早在劉永福動手的時候，戴義順的老婆就報請省會巡防隊前來彈壓。巡防隊趕到後，十幾個巡警手執警棍，不問青紅皂白，要捕率眾動手的木工劉永福，因而引起群眾奮起反抗。巡防隊見人多勢眾，不敢逮捕劉永福，立刻派人稟報善化縣知縣郭中廣。

清末善化縣衙在今南門縣正街，知縣郭中廣得報，慌忙帶著一隊兵勇，打起燈籠火把，急速趕來。

郭中廣到了碧湘街，即被群眾包圍。這時，街上已聚集上千百姓，大家向知縣憤怒控訴戴義順高抬米價、逼死人命的罪行，要求立刻開倉平糶。此時，抗爭的矛頭已經不知不覺轉向縣府，但還只是「要求」而已。

郭感到眾怒難犯，不得不「婉言開導，擔認平糶，約以翌午為期」，以為脫身之計。（《東方雜誌》一九一〇年第五期，〈湖南省城亂事餘記〉）群眾認為既已獲得郭中廣許諾，而且時已深夜四更，才自行散去，看似稀鬆平常的治安事件似乎就要落幕了。

不料風雲突變，郭中廣脫身後，即於十三日清晨隨巡警道賴承裕往謁巡撫岑春蓂，面陳先晚情況，請示對付辦法。巡撫是湖南最高行政長官，岑春蓂是廣西桂林人，公子哥兒出身，其父岑毓英曾做過雲貴總督，公子哥兒不知稼穡之艱難。岑春蓂平生最怕革命黨人暗殺，當時流傳長沙的一首〈竹枝詞〉曾挖苦他道：「五年相戒出轅門，為怕東洋革命軍。」其膽小可以想見。這是一方面。另一方面，這個紈褲子弟對老百姓又以出手凶殘著稱。

當下郭中廣走進撫衙花廳，還沒坐定，岑春蓂就指著他罵道：「昨夜痞徒聚眾，何不拿人？你因將交卸就不辦事耶？」

郭只想息事，就回稟：「貧民只求平價，前列之人，長跪陳說，猶之小孩乞食，得食則已，似非應行拿辦之事。」

岑春蓂不待郭說完，又大罵了一遍，末了厲聲交代，「痞徒」鬧事，「務必嚴拿」。說完，揮退了郭中廣，又召賴承裕訓示。岑春蓂信口開河，以「愚民聚眾，必有匪徒鼓煽，何以巡警局不早拿訪」，責令巡警道賴承裕對「滋事」群眾，「務必嚴拿」。（《東方雜誌》一九一〇年第五期，〈湖南省城亂事餘記〉）

這時候，官府主動將矛盾加溫升格了。加上巡警道賴承裕身為一省警察長官，原本就以殘忍無恥著稱，且不要說一般百姓憤恨，就是某些省諮議局議員，也斥其為「市井無賴之小人」（見〈賴子佩倖免於死記〉，上海《時報》庚戌四月「地方要聞」）。這傢伙七十多歲了，花白鬍子，一貫迷信高壓手段，是官員中反對開倉賑濟的頑固派。此時他接到岑春蓂的「尚方寶劍」，退出撫署，立即派游擊龔培林，帶領四十名緝勇出城巡邏拿人，在南門外將劉永福逮送巡警公所收押。

光緒二十八年（一九〇二年），清廷頒布《警務章程》，命令各省創辦警察，各省先後設有通省巡警總局或通省警察總局。光緒三十一年（一九〇五年），中央設立巡警部，統率全國警政。光緒三十三年（一九〇七年），清廷廢通省巡警總局或通省警察總局，改設巡警道，為一省的主管機關，直接受督撫節制，警察制度進一步得到肯定。長沙巡警道設在鰲山廟。鰲山廟原名太守祠，位於長沙市天心區里仁坡，即今里仁坡小學所在地。廟外一塊大坪，一邊一棵大梧桐樹。里仁坡原名醴陵坡，據說為祭祀醴陵人丁鰲山而得名。丁曾任晉朝夔州太守，為官清正，晚年居此，死亦葬此，傳說已成神仙。宣統年間鰲山廟改為巡警分局駐地。

再說饑民們以為先天知縣答應次日平糶，因此，上午就有很多百姓提籃挑桶，去碧湘街糴米。誰知一直等到中午，平糶卻杳無動靜，大家才知道「狗官」騙人。在群情不安之際，忽然傳出一個消息：劉永福被捕了。群眾見當局不但不辦平糶反而拿人，更加激憤，風聲火起，於是營救劉永福、要求平糶的饑民聚集，潮水般湧向鰲山廟巡警分局，「勢甚洶洶」。

長沙協副將楊明遠、長沙縣知縣余屏垣、善化縣知縣郭中廣聞報，先後出城彈壓。越聚越多的群眾包圍了巡警局，詰問官府：

「人們請求平糶，並未犯法，你們不搞平糶，為什麼還抓人？」

「米這樣貴，靠力氣賺飯吃的人，一天不做工，便一天沒有飯吃，你們把他關起來，他一家人會活活地餓死去！就算有罪，也要提到這裡來發落，不能這樣關押下去！」

郭中廣等人無詞以對，只好裝模作樣地派人入城去，說是提劉永福出來當眾發落。

這時已是萬家燈火，隨著時間的推移，各種傳言風起。成千上萬的饑民懷疑劉永福已被殺害，便一起向警局擁擠。應該說，事情發展到這一步，抗爭矛頭已然指向了官府。

正在這當口，一隊弁兵擁著一乘綠呢大轎，匆匆趕來。原來是巡警道賴承裕得報後，不僅頑固堅持要關押劉永福，而且決計「親率隊前往彈壓」。

清代一般官員出外，因品級而有各種排場。一般最前面還由弁兵搖打篾片，一邊搖打，一邊高喊：「大人出行啦！」這就是所謂「官威」。

誰知賴承裕的呢轎剛剛進入鰲山廟坪裡，篾片正搖打得起勁，憤怒的饑民一聲巨吼：「丟下篾片！」差役嚇得連忙將篾片一丟。緊接著群眾又齊吼：「下轎！」嚇得轎夫連忙落轎。

賴承裕一頭從轎內跳出來，破口大罵「刁民」、「痞子」。群眾不服，便一擁上前，怒罵「狗官」，喝叫要釋放劉永福並開倉平糶。

賴承裕一聽，更加咆哮如雷。此時，他面對憤怒的人群，說了一句極不合時宜的話：「你們在天然臺茶館裡喝茶，一壺茶一百文不嫌貴，一升米賣到八十文就算貴了？還不都快快退去！」據說巡警道是轉述岑巡撫的原話。這當然是句混帳話。人可以不到茶館喝茶，卻不能不吃飯，此言的荒謬顯而易見。更重要的是，這句話是從官員口中道出，無異於表示官方對米珠薪桂的現實不準備負任何責任。於是，被這句荒謬的話激怒的人群二話不說，一聲喊「打」，蜂擁向前，摘去巡警道的官帽，將其手腳縛住，倒懸於樹上吊「半邊豬」，飽以老拳。有人還將豬屎塞進大叫大嚷的賴承裕的嘴裡，並有人朝其扔擲瓦片，致其連喊「救命」，白髮染紅。饑民們卻紛紛拍手叫好。當時長沙的〈竹枝詞〉就記述說：

瓦片飛來勢最凶，頓教白髮染成紅。
鰲山廟畔垂楊樹，不繫青驄繫賴公。

郭中廣等人「為眾所阻，不能上前」，在一旁嚇得直打哆嗦。副將楊明遠上前救護也被毆傷，趁機溜走，所帶差勇一哄而散。

賴承裕的一個隨從馬弁，佯裝站在群眾一邊，說：「這個老傢伙不必要打，不如揪去讓撫臺發落。」

在隨從的引領下，因天色昏黑，群眾不知是詐，便也跟著入城。湖南撫臺衙門在又一村，圍觀貧民和背著賴承裕的隨從一同從鰲山廟過南門口進城，經南正街、紅牌樓、司門口，幾千饑民，打著燈籠火把，浩浩蕩蕩地行進。途中，隨從瞅準時機，背著賴承裕一閃身躲進臬臺衙門（即提刑按察使司，在今司門口萬達廣場所在地）。而貧民隊伍越聚越大，沿途貧苦居民、各色工匠、流落長沙的省內外饑民，以及其他下層群眾紛紛加入。當人群隊伍走南陽街、府正街，出老照壁，趕到又一村的撫臺衙門前時，人數已近萬人。在撫臺衙門轅門套附近（今中山亭附近），群眾發現賴承裕已經溜走，更加氣憤，於是將撫臺衙門團團圍住。

正在這個緊急時刻，囤積居奇的四大劣紳王先謙、葉德輝、孔憲教、楊鞏又在暗中進行倒岑活動了。他們的頭面人物布政使莊賡良更是跳到了前臺。

莊賡良，江蘇武進人，混跡官場四十多年，歷任長、沅、永、靖兵備道，兩手沾滿了革命黨人的鮮血。如前敘同盟會員劉道一，就是被他捕殺的；前敘志士禹之謨，也是在他的指令下，被靖州牧金蓉鏡處死的。因為他踏實地充當清室鷹犬，所以被擢升為布政使，位僅次於巡撫。然而，他素來與岑春蓂不和，而且覬覦巡撫的位置。這時候，趁著撫衙被圍，省城文武官員上院的機會，莊賡良把自己打扮成一個活菩薩，雙手只是向著群眾，作揖打躬，不出聲地在人叢中穿行。不少群眾被他迷惑，也為他讓路，叫他「莊青天」，說「莊大人是好官」。莊賡良和四大劣紳歷來仇恨新政，這時候他們趁機在饑民中散布歪說：「當此饑民待斃，撫臺何不將建築諮議局的鉅資，並諮議局經費及鐵路股款、各學堂耗費移緩就急呢？」這些話，果然博得了饑民的贊同，「官有莊青天，紳有孔青天」之謠填街塞巷。

此時，撫衙警民對峙，局勢仍然緊張。群眾高呼要求撫臺立即開倉平糶，並釋放木匠劉永福。

這是很古老的請願方式，在四年前長沙遭遇自然災害鬧饑荒時，曾經發生過，最後以巡撫「溫言撫慰」，彼此讓步，使騷亂消弭於無形。但這一次，湖南巡撫岑春蓂卻手足無措，一向虛驕自矜的岑春蓂沒想到群眾竟會鬧到自己的衙門來。面對憤怒的群眾，他不得不改換手法，急懸牌示：「五日後開倉平糶，價格六十錢一升。」群眾以岑春蓂信譽掃地，不肯相信，立即將牌打毀。岑旋又改出牌示：「明日平糶，五十錢一升。」又被打毀。不得已，「復牌示許放所拿之人」，但又稱之「已由警務公所帶至南門城樓，一時無人可放」。群眾見岑春蓂繼續玩弄花招，更是忍無可忍。泥木匠劉三矮子性烈如火，平日最恨貪官，他目睹岑春蓂的所作所為，再也按捺不住，決心鋸掉撫衙前高高的桅杆，打掉貪官的威風，便拿起一把鋸子，往轅門裡衝去。軍士阻擋他，便飛起一腳，將軍士踢倒，鋸起桅杆來。又有一個饑民持斧頭幫忙，三下兩下，只聽得「轟隆」一聲，桅杆倒地，群眾歡聲雷動，越發向衙門裡面衝擠。

岑春蓂急忙下令開槍，並急調小吳門外的五十標常備軍入城護院。據〈湖南省城亂事餘記〉記載，軍隊開槍打死了幾十個饑民。群眾悲痛已極，撿起磚頭當子彈，奮勇還擊，打轅門，毀照壁，搗石獅；還有一部分群眾則直向內堂衝擊，撫署衛隊拚命抵禦，被群眾以石擲傷。一時，磚瓦礫石齊飛，哭喊聲、怒罵聲、槍炮聲交織，一直持續到五更時分。面對血腥屠殺，群眾呼天搶地，認為地方當局「不悉民情，無異官逼民變，只有燒盡而已」（《彙報》二九七三號，〈湘省亂事三志〉）。圍觀的群眾在槍聲中狂呼，相率拚死，登屋放火。撫署內的號房、賚奏廳、文武巡廳、大堂、二堂、一實堂等處，頓時濃煙翻滾、烈火燎天，一直延燒至下午，餘燼猶熾。

撫院前坪這場慘烈的戰鬥，起因是官府，釀成巨變則是岑春蓂下令開槍。岑春蓂及後來負責處理這次事件的湖廣總督瑞澂、湖南繼任巡撫楊文鼎都矢口否認開槍的事實。然而，墨寫的謊言又怎麼能掩蓋血寫的事實呢？在這裡，我僅介紹兩件當時口耳流傳的文獻。

一是流傳於街頭巷尾的〈竹枝詞〉：

蕎地冤沉夜哭頻，一般赤子積屍身。
殘魂餒鬼知多少？彈雨槍林苦我民！

又一首：

鴻飛中澤起哀鳴，撫慰無言糶不平。
百姓只緣官逼亂，新軍彈壓動槍聲。

一是《湘難雜錄》中載清末無名氏〈弔岑撫院文〉。這是一篇以情動人的駢體紀實之作，內云：

兵威吼兮肝欲裂，刀亂戳兮憤填膺。留矣哉，軍隊林立；去矣哉，溝壑餘生。屋瓦飛兮錯落，磚頭擲兮紛紜。轟槍彈兮生死決，燃火炬兮膽氣橫。

關於當時情況，劉篤平、唐櫻著《清末長沙「搶米」風潮》（湖南文藝出版社版）記載有走訪一些當事者的訪問記，吉光片羽，彌足珍惜，請讀者參看。

此時，一部分群眾已轉到了街頭，「爭向各碓坊，以官平糶價，強糶穀米，霎時各碓坊存米，被搶一空」；警兵站崗的木棚，也被「打毀淨盡」；各業工人分頭到街道鳴鑼，囑咐各鋪戶次日一律罷市停業。

四月十四日，風潮更形高漲。這一天是群眾抗爭發展到最高潮的一日，也是抗爭形勢急轉直下的一日。是日清晨，城廂內外各鋪店一律罷市。岑春蓂感到事態嚴重，令長沙知府，善化、長沙二縣知縣，邀集葉德輝等紳士於席氏家祠商討應付辦法。席氏家祠在馬王街的小瀛洲內，是祭祀湘軍將領席寶田的家祠，因此處園林幽美，也是官紳流連的遊宴之所。湖南豪紳勢力素橫，岑平日辦事孤傲獨斷，與諸紳素來不和，官紳矛盾頗深。在會上，孔憲教、楊鞏等藉機要脅岑春蓂停辦一切「新政」，要求停修鐵路、停辦學校、撤警察、復保甲、平糶、開皇倉、撤常備軍等，以此作為息事解圍的條件。但爭來議去，誰也拿不出一個好主意。當時有〈竹枝詞〉記其事：

一實堂前集眾紳，葉麻楊豹孔先生。
遠謀肉食何能定，魯仲連無一個人！

「葉麻」指臉上長有圈圈麻點的葉德輝，「楊豹」即「楊三豹子」楊鞏，「孔先生」即孔憲教。「魯仲連」是戰國時著名的排難解紛、義氣昭然的義士。

巡撫衙門被焚燒以後，人們把抗爭的鋒芒又指向了帝國主義駐長的機構。憤怒的群眾認為：「以前湖南沒有外國鬼子，大家有飯吃；外國鬼子越來越多，我們反而沒有飯吃了。」大家一致認為這次米荒主要是由於洋商盜運所造成的。於是從是日上午八時左右開始，對代表帝國主義侵略勢力的教堂、洋行發動了全面的衝擊，計被焚的有：英商太古洋行躉船棧房、怡和洋行躉船棧房、北正街美國聖公會、道門口信義會、北門外兩天主堂、大西門河街英美煙草公司、西長街挪威路德教堂、義大利立明聚爾教堂等；被搗毀的有：日本領事署、美商美孚洋行、英商怡和洋行、日本東信、三井各洋行、日本郵便局、西長街福音堂、東牌樓遵道會、湘春街福音堂、社壇街福音堂以及學院街內地會等等，共約四十餘處。

當時就有人指出，在這場由騷亂而上升為暴亂的風潮中，頑固派紳士似與請來的暴徒（似乎是來自北方的青衣人）結合，開始有明確目標地破壞長沙城內洋人設施。長沙所有教堂，在本日幾乎全被搗毀；而與葉德輝有重大利益的日本輪船公司等處則倖免於難。

值得注意的是，貧民認為新政實施後創辦的新學堂，加重了他們的負擔，而對子女就學並無惠益，也對之進行焚毀。當然，在這些行動的背後，似乎也能看到頑固派紳士的身影。庚戌三月《時報》載〈湘民報告湘亂之詳情〉就揭露：「楊（鞏）、孔（憲教）諸劣紳，素反對新政，乃利用此機會，竟令泥木匠焚毀各教堂、學堂及各碼頭，燒府中學堂。時孔之子行三者，親蒞其場指揮，人多見之者。」《東方雜誌》一九一〇年第五期〈湖南省城亂事餘記〉也有記載稱：「府中學堂之毀，孔痞首之子孔三者，竟敢明目張膽，率眾堆集几案門窗於堂內各室，首將汗衣濡洋油燃擲其中。」

一九一〇年四月二十五日，代表帝國主義立場的《北方新聞日報》刊登了記者在四月十九日發自長沙的報導，繪聲繪色地敘述了這場騷亂：

湧向南門的人群分成了兩股主力。往西南走的一支到達了美以美教會；往東南走的一支，大概稍遲了一些到達挪威教會。到達美以美會的這一支，先是鳴鑼示意，看到沒人開門就開始用鐵錘砸。門剛被砸開，他們的注意力卻轉移到那條街上的英國郵局和稍遠一點的英國洋行。英國郵局大門太堅固了，他們的武器不管用；但英國洋行的門窗就不行了，幾個匪首躍上了屋頂，接著玻璃和屋瓦的碎片雨點般散落了一地。隨著一聲巨響，大門被推倒了，人群中爆發出一陣歡呼。之後的夜空相對寧靜。這寧靜只能說是相對的，而且僅僅維持到瘋狂的人們從五十～一百碼遠處折回教堂。教堂的燈和門窗都遭到了和英國洋行一樣的命運，不到兩分鐘，城裡最大的禮拜堂就成了一堆瓦礫。

當年的英國領事梅瑞克・休勒特則於《在中國的四十年》（麥克米蘭公司一九四三年出版）之第七章中，心有餘悸地描寫了在「搶米」風潮中他們的逃難：

我叫船長拉維里（Laverie）把船停到領館對面去。河兩岸是黑壓壓的人群，高喊著「殺！殺！」，那恐怖的吼聲一九〇〇年我在北京也曾聽到過的，夢魘一般，聽到過就永遠不會忘記。

陶菊隱先生暮年在〈長沙反正前後見聞〉一文中，則回憶了他作為一個當時才十三歲的平民的小孩的感受：

城內外洋行、教堂也被放火焚燒，一時火光燭天，全城鼎沸。我們雖被禁止外出，但都爬到高處瞭望全城煙火，都不禁低聲叫道：「燒得好！」我們非常欽佩那位親手鋸斷撫臺衙門轅門內帥字旗大桅杆的木匠，同時還加油加醬地傳述著一些飛簷走壁的英雄到處放火的故事。這次暴動雖被鎮壓下去，但是人心思亂，皇帝的江山顯然是坐不穩了。

曾國藩次子曾紀鴻的夫人郭筠是一代才女，當時她住在長沙，曾以生動之筆墨，記敘了她對長沙搶米風潮的所見所聞，這篇〈避亂始末記〉收入臺灣學生書局影印出版的《湘鄉曾氏文獻》。這也是對「搶米」風潮的珍貴的「三親」材料，謹附諸章末，以俾讀者參閱。

當巡撫衙門被焚以後，岑春蓂感到已束手無策，便於當日下午被迫急電清廷自劾，並將皮球踢向老政敵，請以布政使莊賡良護理巡撫事務，即時交卸。

莊賡良是一個老奸巨猾的官僚，平日與剛愎自用的岑春蓂嫌隙頗深。四月十四日群眾抗爭進入高潮時，他急不可耐地跳出來一面慫恿王先謙等士紳電請清廷撤換岑春蓂；一面又通過王先謙唆使一班嘍囉扛著寫有「眾紳公議，平糶申冤，藩臺擔保，諸君請退」等語的高腳牌，「遊街曉諭」（《東方雜誌》一九一〇年第五期，〈湖南省城亂事餘記〉）。他自己也以「莊青天」的形象出面接見群眾，允許即日開倉平糶，並答應給死傷者以撫恤，企圖以這些偽善的手法籠絡人心，平息風潮，擠走岑春蓂，以便取而代之。然而，四月十五日夜，傳聞群眾將渡河至水陸洲焚燒稅務司司理船廳各公館，並對省城富紳採取行動，包括將打擊的矛頭指向帝國主義的時候，這個帝國主義的忠實奴才便立刻露出了其猙獰的面目，飛舞屠刀向群眾砍殺過來。長沙局勢急轉直下。

四月十五日清晨，莊賡良以代理巡撫的身分召集全省官紳集議，決定對群眾進行殘酷鎮壓。他委派長沙知府汪鳳瀛、候補道胡得立、管帶徐振岱等，率領弁勇四處巡邏，緝捕群眾，「准其格殺勿論」（《時報》庚戌三月，「地方要聞」）。劊子手們舉著「放火搗亂者，就地立殺無赦」的高腳牌，揚起沾滿鮮血的馬刀，提著血淋淋的人頭，在大街小巷殺氣騰騰地對人民進行恐嚇。連日間，「無辜受戮者，時有所聞」。

與此同時，清政府驚恐萬狀，電令湖廣總督瑞澂調派鄂軍，日夜兼程趕赴湖南，幫同鎮壓；長江水師營也調來軍艦二十餘艘，向手無寸鐵的群眾開炮示威。十六日，兩營鄂軍分乘兵艦兩艘到達長沙。英、日、美、德等帝國主義國家也紛紛從上海、廈門、漢口等地調來兵艦十多艘，幫同清政府鎮壓群眾。缺乏組織領導的長沙「搶米」風潮終於被中外保守派殘暴地鎮壓下去。

三

長沙「搶米」風潮是一次自發的反帝反封建的群眾運動。這次風潮，由騷亂演繹成暴亂，從饑民要求官府減價平糶開始，抗爭逐步深入擴大，以至毆辱政府大員，焚燒衙署，進而發展到搗毀教堂，形成為聲勢浩大的反帝反封建的群眾鬥爭。參加這場抗爭的群眾十分廣泛，振臂一呼，立聚萬人，抗爭形勢發展迅猛，充分反映了當時社會矛盾的嚴重和人民群眾革命情緒的蓬勃高漲。

清政府在受到這次風潮的沉重打擊以後，為了緩和人民的反抗情緒，採取快速措施，對長沙的民、官、紳三方都進行了懲處。對群眾當然狠下殺手，四月七日劉永福被殺害，五月一日一理髮匠和一皮匠被處死。同時，不得不懲處一批「肇釁釀患」的官紳。巡撫岑春蓂、布政使莊賡良、巡警道賴承裕、鹽法道朱延熙等均被革職，調湖北布政使楊文鼎擢署湖南巡撫；按察使周儒臣、長沙知府汪鳳瀛降三級留任；劣紳王先謙、孔憲教降五級調用；葉德輝、楊鞏均革去功名，「交地方嚴加管束」。

其他大小文武官員，也大都分別受到處分，處罰面之大，頗為罕見。新任署理巡撫楊文鼎懾於人民群眾的威力，不得不設立善後總局，舉辦荒賑善後事宜。

在長沙「搶米」風潮的同時，寧鄉、善化、湘潭、益陽、安化、岳州、常德等地區也爆發了類似的群眾運動。由於米荒而引起的這一轟轟烈烈的自發的反帝反封建運動，波瀾壯闊，席捲全省。令人遺憾的是，當時湖南的革命黨人認為群眾是「烏合之眾」，採取袖手旁觀的態度。這自然影響到革命黨人在湖南群眾中的威信，疏遠了革命黨人與人民群眾的距離。而以譚延闓為首的立憲派、諮議局亦「靜觀其變」，沒有發揮作用。致使長沙「搶米」風潮只能是無組織無領導的民變。

對風潮的善後，高度集權的清王朝還是表現出了高效的一面。巡撫、布政使、巡警等地方高級官員均被革職。但在責任的劃定上，官方與民間出現了嚴重分歧。節制湖北湖南的代理湖廣總督瑞澂奏報，「湘省民氣素囂，紳權頗重」，歸咎於湖南的民風和「劣紳」。特別提到湖南兩位著名學者和鄉紳代表，即王先謙和葉德輝，說王先謙最初阻撓官府「義糶」，又公開發電報要求撤換巡撫，「殊屬不知大體」；而葉德輝「積穀萬餘石，不肯減價出售，實屬為富不仁」。針對官方的指責，王先謙和葉德輝事後都有自辯。葉德輝更直陳他「兄弟四房，收租僅及千石，此有糧冊可稽者」，而且即使出售也不能單憑他一人做主。自辯的效果往往不佳，幸好清末已有外資和私人獨立經營的媒體，嶽麓書社出版的《長沙搶米風潮資料彙編》一書收集了當時各種報紙的評論，這些評論幾乎異口同聲地認為，發生風潮的根本原因在於地方官員辦理不善。輿論認為官方應對欠佳，現在從史料上看是有道理的。湖南是魚米之鄉，按常理分析，即使發生了災情，也不至於讓人們恐慌，因為可從外地調糧；可是地方政府的一個動作卻使人心動盪——原來在這個節骨兒眼上，湖南加大了湘米外運的數量。在商品經濟活躍的條件下，米又不是什麼稀缺品，是否往外出售本不是一個大問題；但它產生的心理暗示作用不可輕忽，即人們很容易因為擔心缺米而加緊搶購和囤積，直接後果就是米價進一步上漲。事變之初，岑春蓂等一干地方官員不察民情，以彈壓為主，甚至冒出激怒民眾的荒謬之語，使事件急劇升級，更是難辭其咎。

然而這場民變的影響卻是異常深遠的。

一九三六年下半年，美國記者埃德加・斯諾來到中國的「西北紅區」採訪。毛澤東對斯諾談起自己的革命歷程時說，一九一〇年發生在長沙、震驚全國的長沙「搶米」風潮影響了他的一生。毛澤東說：

這時，湖南發生了一件事，影響了我的一生。就在我讀書的那所小學堂外面，我們學生看到許多從長沙回來的豆商。我們問他們為什麼全離開那裡。他們說城裡發生大暴動。那年發生了相當嚴重的饑荒，長沙城裡成千上萬人沒有糧食吃。饑民派了一個代表團到巡撫衙門請求救濟，但巡撫卻蠻橫傲地答覆說：「你們為什麼沒糧吃？城裡有的是，我就總是吃得飽飽的。」巡撫的話一傳開，人們非常憤怒。他們召開群眾大會，並組織了示威。他們攻擊滿清衙門，砍斷了作為官府象徵的旗杆，將撫臺趕走。之後，一個姓莊的布政使騎馬出來，曉諭眾人說，官府將採取措施幫助他們。莊的應允顯然是有誠意的，但皇帝卻不喜歡他，傳諭說他密通「暴民」，將其革職。新巡撫一到任，即刻下令，緝拿「暴亂」的領頭者，許多人被殺了頭，掛在柱子上，以警告後來的「造反者」。這件事在我的學校裡議論了好些天，給我留下了很深的印象。大多數學生都同情「造反者」，但他們只是從旁觀者的觀點出發，而不明白這也與他們自己的生活有關，他們感興趣僅僅是因為這是一件很有刺激性的事情。我永遠忘不了這件事，我感到那些造反的人都是像我自己家裡人一樣的普通老百姓，我對他們所受到的非正義的對待深抱不平。

美國聖地牙哥加州大學周錫瑞教授在一九七六年著有《改良與革命——辛亥革命在兩湖》一書。在書中，他闢有專門章節寫到一九一〇年四月的長沙「搶米」風潮。他認為，中國史學界對辛亥革命的研究往往集中在孫中山領導的職業革命活動家們身上，而革命的起源必須在中國內部追尋。他說：「這種下層社會的不滿和動盪所帶來的威脅，正是使得文、武精英團結並參加辛亥革命新政的重要因素之一。精英參政保證清王朝倒臺之後社會秩序的平穩。我認為辛亥革命最重要的特徵是它以城市為中心。」

長沙「搶米」風潮的參與者都是各行各業的草根市民，這就顯示了清末社會的一個顯著特點：彷彿誰都對現狀不滿。慈禧和光緒的去世加劇了社會的離心傾向。從這個角度說，長沙「搶米」風潮只是清王朝統治徹底崩盤的一次預演。饑民一舉焚燒撫臺衙門的壯舉，有清一代，絕無僅有。在辛亥革命前夕，全國各地的群眾運動發展到這樣激烈的程度，也只長沙，絕無僅有！

就在「搶米」風潮後一年，武昌起義幾乎也是以一種極其偶然的方式爆發，最後卻以連起義領導者都預想不到的結果，埋葬了清王朝。長沙「搶米」風潮的喧鬧和吶喊是清帝國的喪鐘。

附：

避亂始末記

郭筠

宣統己酉年，常德、沅江因去年水災頗重，撥省中儲穀接濟。倉為之空，秋收驟難補足，如冬防不儲，米糧逐日出境，官紳均不及慮，來春有缺乏之虞。余笑語家人曰：「諮議局日日開會，演說雖多，並無禁止穀米下河之說，此大錯也，來年春間必荒無疑。」於是，發穀三百石存於碓坊為來年食用之需，並囑迪軒，鄉穀留備來年，減糶以濟貧者。

庚戌正月中旬，有撫院橋頭之女人張媼者，平時相熟，彼言近日外邊謠言重，若再不下禁米出口告示，使百姓無米可炊，則民先鬧撫署。余聞之駭然，隨告之周廉訪之夫人，風聲不好，恐有暴動之事，官場宜先事預籌，莫使臨時手足無措。周夫人甚以余言為是，回語其夫與院上熟商作何調停。次日，廉訪果上院，將民間有暴動仇官之意，不能不防告之。岑撫笑歎曰：「老兄太膽小，可不必著慌。」周某知言不見信，心中亦鬱鬱不歡，終日悶悶。此係其夫人後向余述者。二月間，李紳達齋曾求院上發減糶，其時旁有一紳歎曰：「此事二月舉行，四月又將如何？」雖泛言，而岑撫已默會意，隨答曰：「我廣西百錢一升米尚有吃，此地八十文亦不算貴。八十文一盞茶尚不惜，何況米乎？」李紳不悅而退，隨即向鐵路總辦余堯衢處商借路款廿萬，辦米作賑，事後歸還。而堯衢又不允借，故城中空虛，難以為計。加以市儈漁利，米價日高，小民日加煎迫。

至三月初間，南門外有一窮民買〔賣〕河水度日，其婦積錢八十文，向碓坊買米，坊人刁難小錢，其婦負氣歸去。至第二天，攜銅元八十枚，仍欲買來，坊人告以今日價增，不能賤售。此婦無錢，計無所出，而子女饑寒索食哭叫，其母以土巴巴煨熱置子女前，而自憤極輕生，投入塘中。其夫回，知妻因貧而殞，義不獨生，於是攜子女三人同赴水死。一刻四命，於是街坊人大動公憤，責備此米坊刻薄刁難，致傷四命。坊人並不愧悔，而且出言抵觸。兩下大鬧，市人越聚越多，登時打爛米坊，勢將暴動。此即初四。因遣賴子佩去彈壓，事後輿論歸罪於子佩，其是禍機早伏，積怨而成也。當時子佩出城，心無成竹，一味秉承上司意旨，不看風頭緊惡，不以好言開導。上司命拘人，即拿幾個進城。百姓哀求說：「要責法就在本街辦，不可帶進城。」賴不允所請。當時即將賴之四橋打破，縛賴道於柳樹痛打，頭面受傷，幸警兵代為緩頰說：「此處打，不若交院上責備為妙。」始放其進城。街痞數百人蜂湧出，一同而入。此即庚子三月初四下午。

暴動之時，城中百姓亦隨同附和，登時鼎沸，齊集院署，途之為塞，毀瓦拋磚，折桅火屋，勢甚凶猛。口雖叫梟而手無寸鐵，已折燒延至二堂官廳等處，無人過問。

雖有憲兵，但知觀望，噤若寒蟬。夜深，莊布政、臬臺周均來上院，水陸軍屯又一村，並攜有大炮。其實兵與器械均有所缺，姑為調度耳。紛擾終夜，岑撫不得已，便衣小帽出來，諭以將米減價五十文一升。百姓不允，每升自作價四十文，不許撫臺在此居官，向之拋磚瓦。岑撫見其用野蠻辦法，不猶理喻，仍退入，即將印交莊暫理。莊果然當夜自領荊州，大出告示：米減至四十文一升。本來紳界與莊交情頗好，意謂莊極可安枕，而百姓不識個中自有文章也。天明，百姓見撫署抬受傷死者出，始知昨夜署中私斃多人拋於塘中，及焚化者亦復不少。百姓更加痛恨，復焚署，打毀教堂及學堂……

城外八處火起，城廂如萬馬奔騰，有翻天的景象。於是城居大驚駭，城中米坊及南門內外鋪家均搗毀劫搶一空，內勢若排山倒海。次初五夜五更時，復發傳單，請紳士會議靖亂之法，始辦街團，派余令帶人拿匪。至南門，獲八人正法，後地方少微清靖。其實奸民早已飽飫遠去。所拿之人不過拾地零星棄物耳。

初六夜，城中少覺安靖，而附近四鄉仍以穀貴為口實到處搶劫。湘潭花市層見疊出，盜風甚熾。後岑、莊俱去，楊來撫湘，與紳聯絡辦理善後，亦甚和平。所派清鄉委員並不騷擾，民間頗知感激。

余舊女僕熊媼做繡貨生意，常出入家，曾與楊夫人偶然談及鐵路事，夫人甚不以政府此舉為然。民有即國有，何必多立名目致召紛爭焉。後庚戌春間，因路為國有，諮議（局）、教育會、學界大起風潮，發傳單抗捐糧，勢將用口。外人已開兵輪來保商界，而商界中大資本家欲保資產，均不附和，故來成團，唯日夜開會。官場恐懼，遣布政司黃伯雨開導學界，曉以大義，夜深學生始散，浮言亦息。不料，楊文俊撫湘不久又調甘肅，在此雖無大建樹，而撫綏百姓，連絡紳商，總算好官。當其亂民暴動時，余家寓小東街，距轅上最近，終夜人聲火光，徹宵不能安枕，時而報某處火起矣，時而教堂火毀矣。此初五夜五鼓。

天未時，莊坐席保祠傳紳士會議，重兒亦去，時來者甚多，均緘口不言。守府汪全伯在座，重兒語汪：城內設街團，分巡守夜，遊手之輩則不濫入。莊心庵深以為然，立命書告示宣布之，後復賴以少安。後又議亂黨當略誅幾人示威，問何人可去，均保余令平垣可去。余令聞之大懼，哭失聲。重兒慰之，始行。戮八人陳之署前，小人畏法，少覺安靖。重兒歸，命本街壯者充為巡勇，左手腕給白布條縛之為記號，均攜械，手執五聖團燈籠，各街互相巡更，以號衣軍如鬥勝之俱矣。各大門明燈照耀，通宵不熄。街坊人懼怕，若將門閉則大驚，捶門打戶，開則安危無恐矣。室中婦女各惶亂非常，勸余下鄉暫避。余意乘亂出城，恐防意外之變，況仇官並不驚動紳商，不若靜以待之，然心中未必不思歸志也。既而果平靖，回鄉之念亦中止，蓋遷移不易也。

次年辛亥七月，余誠格繼楊任來撫湘，未久而鄂省八月十九兵變反正。先是，四川因鐵路歸國有抵制甚力，官紳交責，致民與官戰，蓋逼迫而成。民不欲路為國有，相率向院上苦求，付之不理。民無法解救，於是答謂用德宗牌位頂禮而行呼籲，必蒙允可。時川督趙見人民聚眾要脅，大怒，開槍痛剿。當時民人手中無寸鐵，登時血肉橫飛，死亡相繼，慘不可言。城中大亂，不可收拾矣。天降大亂，人心因之離畔。風雲變幻，頃刻而成。故鄂省十九日反正，毫不費力，唾手而得，湘中亦繼其後盾。

九月初一侵晨，六侄婦陳氏本僑寓武昌，逢亂逃歸，率家人來余處。正述武昌情形如何驚懼苦楚，話未竟，忽一女僕倉忙進曰：大西門毀矣，有數兵勇將上院。聞此驚駭非常，姑令人探之。其人回曰：院上坪中人如東竹，各佩刀擎槍，左腕縛白布為號，空中白旗招展，後有安民牌隨進。倉促反正，祕密計畫，至此始覺，所謂守如處女、出如脫兔也。登時進簽押房，欲余撫為都督，余不願，彼等即擬槍迫之。余督曰：我爾皆漢人，即同胞，更有何說。彼等曰：既知漢人，應書漢大纛。隨進白布書之。時黃忠浩在座，有識者曰此忠浩也，擁至大西門斃之。防範少疏，余撫蹈隙毀後圍牆，攜眷而去，申、沈二令亦同日及難。舉焦、陳二人為正副都督。謠言日有，警信頻來。城外各處搶劫，不法之事甚多。不可久居城中，而城門時開時閉，使人心驚，不敢輕出。前數日已買舟相待，特疑終不敢行。

至初九日飯時，大家圍棹而食，忽聞槍聲震耳，槍子落屋上錚錚如驟雨之飛來。屋近院上，危險之至。訊之外間，答曰：焦、陳不公，為眾所殺，已推舉譚延凱〔闓〕為都督矣。此夜人心惴惴，不知所之，盼至天明，陸續登舟，驚魂始定。雖然出險，回望省城，心中怦怦猶悸也。初十開行，十七抵家，幸一路平順毫無阻礙，出患難而登衽席，此皆上帝默佑賜福而成者也。次年兒輩均歸，各述所歷艱辛，覺浮生之幻境，唯立德立言為道德之基礎，勉而行之，以教來葉，是所屬望焉。

余自少至今，所記凡六十餘年，其中憂患顛沛，當時則愁苦萬倍，回思則雲煙過眼，聊書梗以供茶餘酒後之談，非若野史足供抉擇也。

第七章

於無聲處聽驚雷

湖南反正成功，焦達峰做了十天都督就被叛軍殺害，那一天離他二十五歲生日還差十六天。後來，焦達峰歸葬嶽麓山，同鄉劉人熙為他撰題了一塊「瀏水墮淚之碑」。這是嶽麓山所有墓碑中最自由奔放的一塊。生性散淡而有江湖氣的焦達峰，在天國一定會喜歡的。

一

一九一〇年四月，喧鬧的「搶米」風潮過後，長沙似乎又恢復了平靜，各派政治力量似乎都回到了風潮以前的態勢。不過，人人都知道，一場更大的地裂山崩很快就將來臨。長沙大街小巷都流傳著一個民謠：「不用掐，不用算，宣統不過兩年半！」「兩年半」就是指滿清氣數已盡的一天。各派都在為「這一天」的到來而做準備。

先說官府。巡撫、統領們擦拭完帶血的屠刀，又趕著張貼安民告示。新任巡撫楊文鼎，字晉卿，雲南蒙自人，舉人出身，此前擔任福建按察使，這次撫湘屬於升任。儘管接印後，他不得不擠出憐憫的笑容設立善後總局，趕辦平糶，舉辦荒賑善後事宜，還是掩蓋不了其保守和凶殘的本性。所以到了一九一一年三月，革命黨人在長沙天心閣三樓召開新軍代表會議事泄後，楊文鼎怕操之過急，釀成巨變，於是暗令新軍協統蕭良臣，藉故將新軍中的革命黨人劉文錦調離長沙，假意派往內蒙古接運馬匹；同時電請兩湖總督瑞澂在漢口將劉捕殺。因管帶張翼鵬暗中維護，劉文錦得以逃走，倖免於難。楊文鼎又以懈怠職守為名，開除教育程度較高、有革命思想的兵目張鴻斌、徐海斌等四人。由此看來，楊文鼎和他的前任岑春蓂一樣凶狠，狡猾則更過於岑。

一九一一年七月，楊文鼎調任陝西巡撫，他離任後，大概是感到世局險惡難測，也不去西安赴任，竟杳如黃鶴，不知所蹤了。後由余誠格接任湖南巡撫。余誠格，字壽平，安徽望江人，光緒進士，此前任翰林院庶吉士。他走馬上任後自忖湖南人生地不熟，朝不保夕，於是採取了兩個措施，一是學秦始皇，下令收繳新軍所有的子彈，以防兵變；二是妄圖依靠巡防統領黃忠浩，想借黃的鐵腕抵制和鎮壓革命。余撫湘才兩三個月就被推翻，沒能在長沙的舞臺上充分表演。

巡防營統領黃忠浩其實是個實業家，他字澤生，黔陽人，優貢出身，斷斷續續在軍界任過職。光緒二十八年，黃捐得道員銜，被選派去日本考察，回湘後，呈請創辦沅豐總公司，自任經理。次年，合併到湖南礦務總公司，下設西、中、南三路公司，他任西路公司總經理。平心而論，黃忠浩很熱心教育事業，明德學堂成立後，他兼任校董，又兼明德小學總理。之後，他擔任過短時期的總兵職務，未幾離職回湘，參與主持為修路集股籌款，力拒外債，頗得名望。一九〇九年，他應召任四川兵備總辦，組織旅蜀湘路集股協會，支援湖南保路拒債活動，繼續傾向革命。宣統三年春，黃忠浩離川回湘，籌辦貧民工藝廠，旋即投入立憲運動，對清皇族內閣將鐵路主權出賣給帝國主義者十分憤慨。是年六月，他擔任立憲派建立的辛亥俱樂部湖南支部支部長。也就在此期間，黃忠浩重回軍界，出任中路巡防營統領，鎮守長沙。本來，這是個為革命立功的絕好機會，但老謀深算的黃忠浩採取了騎牆的態度。武昌起義爆發後，他聽說武勝關仍為清軍所據，決意倒向清廷，與革命黨人為敵。正因為他原先是立憲派與革命黨聯合戰線的重要人員，所以新軍起義時，立憲派再三做工作，希望能不殺黃忠浩。但是，黃忠浩是忠於清室的頑固分子，在新軍舉義、余誠格要逃跑的情況下，他仍然想調動軍隊鎮壓，因此被新軍所擒，斬首在小吳門城樓。

長沙的其他官吏，包括臬臺周儒臣、巡警道桂齡、新軍協統蕭良臣等似乎都清楚螳臂擋車的徒勞，所以等到長沙回應首義、湘撫余誠格聞變潛逃後，都紛紛作鳥獸散了。

密匝匝蟻排兵，亂紛紛蜂釀蜜，鬧攘攘蠅爭血，到頭來都免不了水澆蟻穴，火燎蜂房。

二

這段時期，以譚延闓為首的立憲派紳士是忙碌的。忙碌的中心則是保路。

自一九〇五年粵漢鐵路從美帝國主義手裡收回後，湖南的官、紳、商三足鼎立。官方依賴外債把持路政，竭力排斥民族資本。封建豪紳則依附官府，排斥商股。商方則力主不借外債，不招洋股，反映了湖南民族資產階級和部分愛國士紳的要求，基本上符合民族、民眾的利益。從一九〇五年至一九〇九年的四年中，湘路籌辦名義上雖改為「官督商辦」，實際上仍然是官紳當權，路款既未籌妥，路工更屬延宕，萬馬齊瘖，局勢沉悶，群情激憤。

一九〇九年六月，英、德、法三國銀行團與張之洞簽訂《湖北湖南兩省境內粵漢鐵路、鄂境川漢鐵路借款草合同》，清政府再度出賣路權。此消息一經傳出，如驚雷炸響，轟轟烈烈的保路運動隨即展開。以譚延闓為領袖的立憲派當然是中堅力量。其時湖南諮議局尚未正式成立，遂由初選議員八百二十人代表各府州縣的紳商學界，聯名致函張之洞、郵傳部和憲政編查等處反對借款說：「照諮議局章程，本省權力之存廢，應由議員決定。鐵路借款，湘人絕不承認。」（轉引自《湖南省志》第一卷，《湖南近百年大事紀述》）旅居各省之湘籍官紳在外呼應，紛紛致函電有關方面，拒借外債，還成立了各種名目的保路集股團體。如旅寧湘人三千餘人，通電擲地有聲：「外債入，路權失，全湘厲害關係，風聞六月六日有簽字之說，湘人死不奉命！」同時學生紛紛罷課，編寫歌謠，到處宣傳，說明自行集款築路的種種利益。為了統一領導保路運動，譚延闓、龍璋、陳文瑋等特設立「鐵路股東共濟會事務所」，招股拒債，通告凡有一股以上的股東，均須赴事務所進行登記，以備將來召集股款，抵制外債，並刊行《湘路新志》、《湘路週報》等雜誌，積極宣傳拒款自辦。

一九〇九年十一月，湖南諮議局正式成立，保路運動是當時立憲派人士的中心課題。所以湖南諮議局剛成立就接連開會討論粵漢鐵路問題，作出一系列議決案，決定限期五年築竣湘省粵漢鐵路全程一千三百七十里。由於實行新的招款方案，在立憲派的領導下，一九〇九年冬至一九一〇年春，湖南出現了一股聲勢浩大的集股熱潮。上至官紳商界，下至城鄉廣大居民，包括學生、農民、手工業者、小商人、官兵、學校教職員、下級公職人員，通過踴躍認股，投入保路運動。在全省愛國護路的熾熱情緒感染下，封建官紳余肇康、王先謙等，以及湘撫岑春蓂的態度都有所改變。湘人「無日不以籌款招股為事」，據《湘路新志》一九一〇年（宣統二年）記載：「湘路自去年冬諮議局議決後，多方集股，得學界歡迎，去冬周氏女塾各學生向集股會繳入路股二千餘元。」全省公私各校教職工除特別認股外，月抽薪金十分之一。學生亦減膳入股。廣大勞動人民激於愛國義憤，也節衣縮食，入股爭路，乃至「農夫、焦煤夫、泥木匠作、紅白喜事扛行、洋貨擔、銑刀磨剪、果粟攤擔、輿馬幫傭，亦莫不急爭先入股以為榮。」此外，凡屬湘籍公職人員、軍營、學校則以廉薪酌量入股，「經調查，各局所、學堂、軍營莫不鼓舞從事」。至一九一〇年春已收到廉薪股款近萬元。因為拒債保路，關聯到整個民族的命運，一般開明地主分子也出面勸諭入股。在立憲派的領導下，全省掀起了集股熱潮。全省共收到股款五百三十五萬餘銀兩，這在全國各商辦鐵路公司中是較為可觀的。

針對清政府的借款勾當，應該說，湖南立憲派的態度及因應措施是可圈可點的。諮議局推舉副議長陳炳煥、粟戡時為拒款代表，北上進京請願。粟戡時在謁見郵傳部尚書徐世昌沒有取得結果之後，憤而斷指血書「湘路無庸借款，請中堂主張」等語。各階層人士都為之鼓舞。

自保路運動開展以來，湘路公司的局面為之一新。在諮議局和股東共濟會的督促下，於一九〇九年一月正式召開了「股東發起會」，選舉譚延闓等五人為辦事員（即權理董事），陳家珍、帥學棻為查帳員，以加強領導，推動拒債，促成路工。至一九一〇年，每年用於修路的款項已實籌四五百萬元，湘路自動工後，工程進展頗為迅速。一九一〇年九月，長株段已全線修通。長株道上試車日，「觀者駢集，甚形熱鬧」（轉引自《辛亥革命在湖南》）。這對於湖南愛國紳商和人民群眾來說，是一個極大的鼓舞，證明由湘人自辦鐵路完全可能。繼長株段完成後，南段株郴，北段長岳線，亦已於一九一一年一月破土興建。

湖南的保路運動是由湖南立憲派領導社會各階層積極參加的民族民主運動。立憲派幻想以諮議局為合法講壇，像西方國家一樣，開展議會抗爭。由於他們的歷史局限性和階級局限性，不敢發動群眾保路運動，力圖將保衛路權的抗爭僅僅停留在有秩序的「拒債商辦」範圍以內。基於這種立場，他們希望以「文明爭路」的方式，求得清政府的同情，以「趕修湘路」的措施來抵制帝國主義的掠奪。他們希望在他們的牽引下，鐵路一寸一寸地修築，一直修到資本主義的彼岸。

但湖南立憲派人的苦心，並未取得清政府的同情和理解。為了換取帝國主義的支持，清廷孤注一擲，任命大官僚買辦盛宣懷為郵傳部尚書，一九一一年五月，正式頒布「鐵路國有」政策，緊接著於五月二十日和英美德法四國銀行團在北京正式簽約，將兩大鐵路幹線抵押給英美德法四國銀行團。湖南人民辛辛苦苦築成的一段鐵路，連同尚未築成的鐵路路線以內各種權益，竟被清政府再度完全斷送給帝國主義。

清政府這種露骨的賣國行動，激起全國人民的極大義憤，「天下興兵討董卓，長沙子弟最先來」，長沙帶頭掀起了群眾性的反抗運動。各團體署名刊發傳單，沉痛呼籲：「湘省粵漢鐵路為全省命脈所關，將來借債修築，湘人財產生命均操外人之手，若不極力收回，後果何堪設想？」一九一一年五月十四日，到教育會坪開會的長沙各界群眾多達萬餘人，群情激憤，一致主張堅持「完全商辦，實力進行」。會上決定於十六日聯合各團體要求湘撫楊文鼎代奏，希望清廷收回成命，否則將「全力抵抗，無論釀成如何巨案，在所不顧」。五月十六日，長沙各團體代表往巡撫衙門（位址在現在的青少年宮）請願的同時，湘路公司長沙、株洲一帶工人萬餘人停工進行示威，態度尤為激昂，沿途聲言：「如撫臺不允上奏挽回，商須罷市，學須罷課，一般人民須抗租稅。」

巡撫楊文鼎剛從湖北調到湖南，想到前任湘撫岑春蓂掉頂子的前車之鑑，決定改變策略，來陰的，「若遽用強硬手段，必先與撫臣為難，立刻變亂，是以不得不應允代奏，以平其氣，而懈其心」。

諮議局通過楊文鼎呈遞的奏摺是頗為強硬的，在從改良趨向革命的道路上邁出了一大步，但是清廷執意出賣路權，嚴旨申斥，威脅湘省紳民。於是湖南群情憤激，六月上旬始，各學堂學生相率罷課，以示抗議。各階級人士也紛紛行動起來。湖南當局採取高壓政策，出動巡防隊、員警隊「沿街穿巷，四處巡邏」，「手擎槍械，如防匪寇」。同時出示禁止開會，取締印刷店，檢查信郵，特別注意學生和軍隊的信件。諮議局成員對此「愈益憤激……有多數辭職者，以至不能開會」（林增平、范忠程《湖南近現代史》）。

湖南保路運動幾經起伏，對全國和省內的民主革命都有巨大影響。就其性質來說，是當時湖南人民反帝愛國運動的形式之一，成為辛亥革命民主革命的重要組成部分。湖南立憲派人士出頭發動和領導保路運動，採取不越軌「文明爭路」的合法形式，以維護自己的政治、經濟利益。為了爭取路權，他們不得不揭露清朝統治者和帝國主義勾結的賣國行徑，對清政府也由失望而幻想破滅。他們在辛亥革命風暴到來的前夕，完成了由「改良」轉向「革命」的過渡。這一發展，順應了當時的時代要求，有利於湖南近代民主革命形勢的進一步發展。

我認為，立憲派對「搶米」風潮的不參與是可以理解的。究其原因，大約一是激烈的保路運動牽制了譚延闓們的精力；二是「搶米」風潮時日短促，突兀而起，戛然而止；三是立憲派不贊成這樣無章法，「打到哪算哪」的民變。試想如果譚延闓們介入，則勢必成為清政府的鎮壓目標，立憲派的力量受到摧殘，將破壞革命的全盤計畫。當然，這也反映了他們作為民族資產階級的上層代表所具有的封建性和依賴性。

對於「這一天」的到來，譚延闓等人主張搞「巨家世族、軍政官長」主持的「文明革命」，希望以極小的破壞為代價，將清朝統治權力轉移到自己所代表的開明官紳手中。後來湖南反正，黃忠浩被起義軍處決，接著，又鎮壓了王毓江等三個頑固分子，譚延闓公開發表意見說：「吾輩但取政權，不殺官吏」，「殺機不可逞」。有同志說：「革命只殺三人，不算什麼！」譚延闓堅決地說：「不戮一人而天下治，豈不更好嗎？」

總之，在此一時期，他們仍然採取與革命黨人合作的態勢。

三

最後，我們再看一看此一時期革命黨人的態勢。

余韶〈辛亥長沙光復的東鱗西爪〉（見《湖南文史資料》紀念辛亥革命五十周

年專輯）透露了這樣一個細節：長沙「搶米」風潮洶湧之際，同盟會員陳作新時任新軍排長，他非常敏銳地感覺到群眾起來了，正可利用時機，發動革命。於是他興沖沖地找到管帶、同是同盟會員的陳強，興奮地叫道：

「報告管帶，機會到了。我們擁護管帶！」

陳強卻佯裝不懂，問：

「陳排長，你講什麼啊？」

陳作新說：「管帶在日本留學很久，自然知道的，不用我這排長多嘴。」

陳強怕惹禍，連忙喊左右：「護兵！陳排長喝醉了酒，送他回去！」

以後，又藉故撤了他的差，把他遣走了。

當然，這時的陳作新還沒有成為革命黨的領導人；那麼，領導人又在做些什麼呢？

革命黨人的主將黃興自一九〇四年華興會起義流產後就離開了長沙，直至一九一二年辛亥革命後才回到長沙。這期間他先是流亡日本，與孫中山成立同盟會。一九〇七年策劃鎮南關起義，黃興與孫中山奔赴前線指揮戰事，甚至親自開槍射擊。

此後孫中山遠離國境，在國內策劃、領導武裝起義的重任主要落到黃興身上。我非常讚賞美國馬里蘭大學薛君度先生所說：「孫先生對於辛亥革命是精神領導，並非實際行動，實際行動則是黃先生，黃先生對於辛亥革命是實際領導者。精神領導固然重要，實際領導同樣重要。在精神領導方面，革命黨人中沒有可與孫先生比者。在實際領導方面，革命黨人中也沒有可與黃先生比者。這是辛亥革命的雙絕，允為開國二元勳。」（薛君度〈海峽兩岸重評黃興事功〉，見湖南師範大學出版社《黃興研究》）

翌年三月，黃興募集二百餘名青年志士組成「中華國民軍南路軍」，發動欽、廉、上思起義。孫中山後來讚許說：「克強乃以二百餘人出安南，橫行於欽、廉、上思一帶，轉戰數月，所向無敵，敵人望而生畏，克強之威名因以大著。」五月河口起義爆發，孫中山委黃興為雲南國民軍總司令，黃興即前往河口督師，指揮義軍，後又失敗。

孫中山和黃興痛感歷次起義被清政府鎮壓，擬「集各省革命黨之精英，與彼虜為最後之一搏」。一九一一年四月二十三日黃興潛入廣州，在兩廣總督衙門附近設立總指揮部準備起義。他寫下「本日馳赴陣地，誓身先士卒，努力殺賊。書此以絕筆」的絕命書，表現了視死如歸為革命獻身的精神。二十七日下午，他親率一路「先鋒」百餘人攻打兩廣總督署，英勇殺敵。右手被打斷兩根手指，仍奮不顧身，堅持戰鬥。這就是著名的黃花崗起義。雖然遭到鎮壓，但對激盪革命浪潮起到了巨大的作用。孫中山評價這次起義的作用時說：「全國久蟄之人心，乃大興奮。怨憤所積，如怒濤排壑，不可遏抑，不半載而武昌之大革命以成。」

當然，這些起義都在西南、南方邊地，都不在長沙。

一九〇八年十二月，同盟會的調查部長，也是共進會的聯絡部長焦達峰奉組織派遣，由日本回到長沙。這以後，焦達峰、陳作新就成了湖南革命黨人的領袖人物。

焦達峰（一八八六～一九一一），原名大鵬，字鞠蓀，瀏陽人。十八歲時由姜守旦介紹加入洪福會，被父親驅逐出家門，到長沙高等普通學堂預備科肄業。瀏醴萍起義失敗和禹之謨遇難後，數次計畫刺殺端方，不成，便隻身逃亡日本，就讀於東京東斌學校，並參加同盟會。焦在同盟會中為一激進分子，一九〇七年與張百祥、孫武等組織共進會。一九〇八年年底回國發展組織，進行革命活動。一九〇九年焦達峰從漢口回到長沙，在太平街馬家巷同福公棧設立共進會湖南總機關，開始密謀起義。

出於對革命道路和辦法的自我理解，焦達峰在同盟會外組織起共進會。然而黃興對於共進會的成立是不贊成的，他曾責問焦達峰：「革命有二統，將誰為正？」焦達峰毫不示弱：「兵未起，何急也？異日公功盛，我則附公；我功盛，公亦當附我。」

應該說，焦達峰是朝氣蓬勃的，「王侯將相，寧有種乎？」中國舊有的「天無二日，國無二君」等觀念，他統統棄之如敝屣。放眼中國，他認為湖南有得一爭，自己也有得一爭。至於方法，他認為「唯以清室鐵桶江山，不易破毀，仍主張採庚戌饑變之手段」（即指一九一〇年的長沙「搶米」風潮），準備發動一場大規模破壞封建統治秩序的下層群眾的革命。（見《湖南反正追記》）

其時焦達峰的底氣來自於他在各地的會黨聯絡。共進會有湖北、四川、湖南、江西、浙江、廣西、雲南、安徽等省留日學生一百多人。不光是學生，之前焦達峰已經參加過洪福會，回國之後，他按照會黨的方式，將長江流域的各會黨聯合起來，按照傳統，開堂、燒香、結盟、入夥。焦達峰被推舉為「穿靴子上山一步登山」的龍頭大哥。此前，湖南會黨的領袖是哥老會的馬福益，再後是龔春台。

按照今時的觀點，焦達峰的做法未免過於江湖氣，但是這種家長式的領導，也給之後發動起義提供了組織上的便利。他曾組織會黨成員，分段承包由長沙至易家灣鐵路的接軌工程，以修路做掩護，對會黨成員進行訓練和組織。赤足草鞋，青衣短褲，手持雨傘，權紳們當他是修路工頭，都不會多看他一眼，而修路的工人則在其動員下都加入了革命隊伍。

依焦達峰自己說：在湘省的革命領袖中，他覺得自己「未見重於黃興，在禹（之謨）處增益不淺」。然而，我以為，與黃興、蔡鍔等人最輝煌的革命歷程都是在省外不同，焦達峰始終釘在湖南這片土地上。他選擇革命道路，應該受到宋教仁極大的影響。

「桃源漁父」宋教仁是湖南桃源人，近代革命傑出的思想家，在一九一〇年譚人鳳召集的十一省區同盟會分會長會議上，宋教仁就提出過著名的「革命三策」：

上策為中央革命，聯繫北方軍隊，以東三省為後援，一舉而占北京，然後號令全國，如葡、土已事，此策之最善者也；就沿江各省，同時並舉，先立政府，然後北伐，此策次善者也；就甌脫地，密布黨羽，進居邊要，然後徐圖進取，其地則東三省或雲南、廣西，此策之又次者也。（轉引自《辛亥革命在湖南》）

他認為上策難行，下策已為事實證明行不通，唯中策較為穩妥。從同盟會成立到一九一一年黃花崗起義，革命黨人在東南沿海和西南邊陲地區策劃了一系列武裝起義，但無一例外都遭到失敗。宋教仁和譚人鳳等人痛感有必要改弦更張，將抗爭重心轉移到長江流域。焦達峰所致力、所奉行的，正是宋教仁指出的「此策次善者」。以後的辛亥首義成功，其實也證明了宋教仁的遠見卓識。

焦達峰回到長沙，時值湖南保路運動方興未艾之際。他看到湖南民氣旺盛，極為振奮，當即聯絡陳作新等在湘革命黨人，策動湖南起義。

一九一一年四月廣州黃花崗起義失敗後，焦達峰離開長沙到了漢口。這時，譚人鳳也從香港來到武漢。五月四日，焦達峰與居正、孫武等人，在漢口胭脂巷共進會機關召開緊急會議。經與譚人鳳商定，繼續準備兩湖起義，將來起義槍聲一旦打響，十日之內，「如湖北首先起義，則湖南即日回應；湖南首先起義，則湖北即日回應」。並議定了一套互通消息的隱語和密碼：以「指示機宜，莫久使故國衣冠淪於夷狄；揮戈舉義，快團結中原豪傑還我山河」一副對聯共三十個字作為「初一至三十日」的代號，以「祖父故」代替「發難」，「祖母故」代替「機關被破獲」；如果電報上說「祖父故促義弟歸」，就是十九日發難；若說「祖母故促舉弟歸」，就是革命機關於十八日被破獲。會後焦達峰即回長沙，與陳作新分頭積極進行工作。

其間焦達峰抽空回過家鄉。據焦達峰的同村後輩瀏陽沈紹堯先生親口告訴我，當年焦達峰要離開鄉村去省城「幹大事」時，曾請人扶乩，結果得到李白的絕句一首：「一為遷客去長沙，西望長安不見家。黃鶴樓中吹玉笛，江城五月落梅花。」大家都以為詩意不祥，驚疑不定。只見焦達峰用力一拳捶在八仙桌面上，激昂地說：「我只有八個字：流芳百世，遺臭萬年！」意思是說，他獻身革命之志已決，此一去視死如歸，要麼流芳百世，要麼遺臭萬年。後來，他閃電般的革命生涯雖然轉瞬即逝，但其革命精神長在，永垂不朽。

為了實現湖南起義的計畫，焦達峰除以洪江會名義號召會黨外，一九一一年夏間，又和焦達人、彭友勝等在長沙太平街孚嘉巷設立一個「四正社」，作為洪江會的領導核心。社址是一棟大房子，四米高的石庫門嵌在大拱形門簷內，外有四級花崗石臺階。內庭狹長，雙層六套廂房，燕子瓦頂，木製門窗。現在這棟房子已被公布為「不可移動文物」。焦自謂「四正」為「心正、身正、名正、旗正」。他所調集的頭目和派定的同志，大多是四正社社員。一旦要用，能收指臂之效。因此，後來長沙起義不到一星期，附近各縣開到馬刀隊、梭鏢隊、來福槍隊一萬八千人，編入革命軍各營之中，都是響應焦達峰號召而來的四正社社員。所用的馬刀、梭鏢、短劍，是革命黨在黃花市、焦溪嶺、嵩山寺等處設立鐵鋪，招收鐵匠製作的，而這些鐵鋪的老闆和夥計，都是四正社的社員。這是焦達峰的「江湖氣」的特殊作用。當然，焦達峰「用人行政，一秉大公」，這是他的優點；但掌權後，突然提拔大批官員於下層難免也有疏漏失誤。其中有大批會黨成員，「囂悍難制」，他們自由出入都督府，大呼：「焦大哥為都督，今日我洪家天下矣！」（見尚秉和《辛壬春秋・湖南第五》）這種政治上的江湖作風很容易被反動分子所利用。這都是後話了。

會黨還在籌措革命活動經費上費盡心機。一九一一年春，居正提出廣濟縣離他老家八十里的洗馬坡，有個達城廟，裡面供有一尊金菩薩，若能設法弄來，便可解決大問題。大家認為這是一個好主意，便決定由居正和焦達峰先去洗馬坡查探廟中情形，然後相機行事。幾經探視和謀劃後，焦達峰從湖南瀏陽會黨中帶來黎大漢等四個大力士，加上漢口共進會的三人，攜帶錐斧等工具，開始盜取金菩薩的行動。六月十五日，他們到達洗馬坡，天快黑時，分兩路向達城廟前進。焦達峰一路四人，循後山城逼近廟牆，用大錐把壁鑿通一個大洞，爬了進去，至神龕前，打開了玻璃門，然後用鐵錐鑿取，終於將此金菩薩取出。焦達峰乃命一大力士著金菩薩出廟。剛出洞口，天已破曉，不料見到田壟上有巡夜的人，因恐事機敗露，只得將金菩薩丟進了一個池塘。革命黨這一計盜金菩薩之舉，事雖魯莽，卻也為辛亥革命史留下了一段佳話。

為了使革命的準備工作有組織有計畫地順利進行，焦達峰、陳作新等人首先落實了革命的組織工作，重建了同盟會湖南分會。分會設在長沙落星田定忠客棧，指派會計趙繚經常駐會，以便與各方聯絡，並在各地設立機關多處。計在長沙就設有下列祕密機關：

1.湖南體育會：在長沙中太平街賈太傅祠內。主要負責人吳作霖，革命黨人常在此操槍打靶，進行軍事訓練。事實上，是一個半公開的聯絡站。

2.鐵路學堂：在長沙黃泥街。負責人龍鐵元、吳炳麟、李洽。負責鐵路路權風潮的組織和指導工作，並藉以宣傳排滿革命的道理。

3.作民澤社：在長沙南陽街。主持人鄒永成、謝介僧。祕密散發、推銷各種革命書刊。

4.中路實業學堂：在長沙落星田。負責人唐溶、周歧。利用學堂的實驗室祕密製造炸彈。

5.優級師範學堂：在長沙貢院東街。負責人伍任鈞。在學生中發展組織，宣傳排滿革命。

6.文明繡業學堂；在長沙福源巷。負責人曾傑、龍養源等。招待同盟會會員住宿伙食，並為同盟會湖南分會總機關的接待站。

7.武城試館：在長沙路邊井。負責人王荷亭、易本羲、楊阜青。負責發展組織、宣傳排滿革命。

8.同仁西醫診所：在長沙雞公坡，負責人黃石陔。擬在起義時擴大為「赤十字會」。

9.義昌祥成衣店：在長沙清泰街。店東劉大禧，裁縫羅四爺、羅老滿，學徒羅富年，均極有革命思想，負責縫製軍裝。

10.李培心堂：在長沙壽星街。負責人李安國、李藩國。陳作新在一九一〇年「搶米」風潮被革職後，李安國等便以延師授徒為名，招陳作新於己處，掩護陳的活動。

此外，諸如陸軍小學堂，明德、修業、廣益等各學堂，均有革命黨人進行活動。同盟會開展革命活動所依靠的主要力量一是新軍，二是會黨。為了加強對這兩支主要力量的組織與領導，焦達峰決定自己全力運動會黨，把運動新軍任務交給了陳作新負責。

陳作新（一八八五～一九一一），字振民，湖南瀏陽永安人。為人風流倜儻，曾參加南學會和自立軍。一九〇三年入湖南兵目學堂，接受革命思想，翻印、散發陳天華的《猛回頭》、《警世鐘》及鄒容的《革命軍》等鼓吹反帝反清的革命宣傳讀物。一九〇五年經謝介僧等介紹加入同盟會。畢業後，任新軍炮兵營左隊排長，一九〇九年任四十九標隨營特別班及測繪班教官。他「常藉授課時間，闡述民族主義，灌輸革命思想」，「全營同志靡不忠義填膺，願為用」（鄒魯《中國國民黨史稿》）。他又介紹士兵數十人加入同盟會。一九一〇年，長沙「搶米」風潮時，因勸新軍管帶陳強趁機起義被革職，之後寄居李培心堂，以教書授徒作掩護，繼續進行革命活動。

陳作新受焦達峰的委託，接受了運動湖南新軍的任務後，在經濟上又得到龍璋的支援，工作進行得十分神速。他以小吳門、軍路側一帶茶樓酒肆為據點，與軍界代表安定超、王鑫濤、李金山、楊玉生及商界劉芝德等接觸頻繁，在軍隊中建立革命組織。新軍士兵都信服陳作新，以至在辛亥革命時，「列兵只聽他的命令，一呼百諾」（魯瑩〈辛亥革命湖南光復回憶瑣記〉）。然而，由於出身下僚，陳作新有嗜酒貪色的毛病，他曾作詩自吐心跡：

平生何事最關情，只此區區色與名。

若就兩端分緩急，肯將銅像易傾城。

又有聯曰：「君不見泗上亭長，歌大風兮思猛士；我所期信陵公子，飲醇酒而近婦人。」簡直是一個才情橫溢的風流才子，但要他擔當起政治家、軍事家的重擔，才情則又變成物累了。這也為他以後與軍官集團的矛盾埋下了伏筆。

焦達峰的會黨工作也深入到了巡防營。原來巡防營的中下級軍官多數加入了會黨，四正社也就順藤摸瓜，在巡防營中扎下了根。巡防營的中級軍官，如趙春霆、甘興典、劉玉堂、袁國瑞等人因與焦達峰關係甚密，也都列名在四正社。趙春霆原駐醴陵，奉中路巡防營統領黃忠浩密電調省。焦達峰便派文斐前往醴陵做趙的工作，並通過文的聯繫，焦、趙二人結成了好友。焦達峰就是這樣通過各種管道，與巡防營中級軍官取得默契。不僅巡防營，就是巡撫衙門的衛隊，甚至黃忠浩身邊的護衛親兵，也接受了革命思想的影響。後來長沙反正時，黃忠浩就是被護衛故意呼名而被捕殺的。

焦達峰開展革命活動的方法靈活善變。如當時長沙中太平街賈太傅祠內有立憲派李達璋、易宗羲、粟戡時等主持的鐵路協贊會，有立憲派人士羅傑組織的革命俱樂部湖南分部，還有立憲派人士左學謙、黃英等為籌備地方自治而設立的長沙自治分所。為了加強與各界人士的聯絡，為革命創造更有利的社會條件，與立憲派人士協同作戰，焦達峰派吳作霖等在賈太傅祠辦了一個體育學堂，作為同盟會湖南分會的一個半公開的聯絡站。這樣，既訓練了革命的軍事人才，又與社會各界人士加強了聯繫，為後來順利起義創造了許多有利條件。

後來，湖南的反正是在焦達峰、陳作新及其戰友手裡完成的，焦達峰做了湖南第一任都督，陳作新做了副都督，十天後，他們都為叛軍所殺害。那一天，距焦達峰的二十五歲生日還差十六天。

關於焦、陳之死，近半個世紀以來，都教條地歸罪於譚延闓和立憲派，誰讓你譚公子是既得利益者呢？「竊國者侯」是千古勘透的世情，於是對譚延闓總是幾句撻伐、幾句譏諷就當成了「蓋棺論定」。似乎歷史不是科學，不需要證據。我以為，過上千年萬年，事實總歸是事實。就算是有幾位立憲派紳士挑唆梅馨屬下的少數叛軍，何以能在革命形勢如此高漲、同盟會勢力如此強大的長沙，輕而易舉地發動一次殺督奪權的政變，並且未遭到來自革命黨方面的任何抵抗？我以為，焦、陳之死是其與新軍特別是軍官集團之間矛盾的爆發，帶有一定的偶然性。

湖南新軍中，下層官兵頗富革命思想，「湘之反正，全在兵與下級軍官之力」。而上級軍官雖有不少人參加過同盟會，如危道豐、向瑞琮、余欽翼等，但他們在光復時或以「秋操在北」，或者「觀望徘徊」，一般均無功勞。這批人雖一度隸籍同盟會，但並無積極的革命活動，他們自恃喝過幾年洋墨水，心服世家子弟譚延闓，而瞧不起焦、陳及反正後超擢的一些原下層官兵。

現藏湖南省圖書館的危道豐《平齋五十自述》是民國二十三年長沙洞庭印務館鉛印本，其實是十分真實可信的珍貴的辛亥史料。危道豐，湖南黔陽人，日本士官學校第五期畢業，是辛亥前湖南新軍軍官集團的重要成員，光復後擔任過軍政府參謀部長。此書第八章「辛亥革命時代」記焦、陳被害，譚氏上位的經過，是親身參與殺害焦、陳，擁戴譚氏全過程的決策人物留下的唯一歷史文字材料。危氏《自述》有力地支持了我的觀點。

軍官集團反清是堅決的，危道豐在赴日留學途中即剪辮明志，他們之中很多人都加入了同盟會，應該說，他們屬於革命陣營的組成部分，這是一方面。另一方面，他們對焦、陳等下層人士的占據高位又感到心理上極不平衡。《自述》中危道豐以怏怏不樂和極其輕鄙的口吻描寫他初進都督府時的觀感：

我甫入都督府，迨遇同學蔣偉臣（經國），他對我說：「快進去看看，你就可以明白大概情況。我須赴諮議局開會去也。」……在景桓樓下辦公室，又遇同學余夔生（欽翼）。他對我說：「都督推定焦達峰，副都督推定陳作新了。請進門去一瞧，即可得悉梗概。」我隨即入室內，但見二三十人圍坐一辦公長案，各人手拿紙筆，正在忙於繕寫。焦、陳二督卻皆身著軍裝，高坐堂皇，也在手不停揮地忙於頒發命令，見我僅僅點頭，並未說話。我在一旁駐立片刻，即出室門，遇見熟人不少，但見面面相覷，呆若木雞。即如都練公所軍事參議官劉邦驥，亦復端坐廳中，默然若有所思焉。最可怪者，粟戡時手持鋼刀一柄，巡行廳中，一語不發，有類癲癇！我既看罷如此五光十色的紛亂現象，旋即決心出府回家。

在這樣的背景下，初三日，五十標的管帶梅馨、蔣經國（都是日本士官學校畢業生）率隊回省駐紮。梅馨貪婪無厭，已由管帶升為標統、協統，還要獨立協統。焦達峰說：「獨立協的名目，原議是沒有的，等和大家商量再說。」梅馨即拂袖而起，氣勢洶洶地說：「湘事爾好為之，苟有他變，吾不與也。」氣沖沖而退，並在大庭廣眾之中狂吠：「焦非元帥，陳酒瘋也！」這些思想意識不好的軍官因要脅焦達峰封官不遂，轉生觖望，「因是流傳五十標不認焦、陳為都督」的說法。（見《湘事記》，軍事篇二）

遺憾的是焦達峰得知五十標軍心浮動，並沒有採取撫慰、疏通的方法，也沒有加強防範，反而自負地說：「五十標不過數百人，今吾兵計達六萬，可恃者五千，以數人殺一人，有何不能？」

這些話傳到梅馨那裡，於是決心殺除焦、陳。梅馨曾當眾狂吠：「這一班土匪讓我來消滅他們，大家聽信吧。」（《近代史資料》一九五六年第三輯）不幸的是，革命黨人最多的四十九標恰在這時出發援鄂，而五十標的多數士兵又不明真相，盲目地追隨梅馨等人鬧事。他們煽動了一部分人到長沙北門外和豐火柴公司鬧事，製造和豐紙幣擠兌風潮。梅馨指揮叛兵埋伏於和豐附近，派人詭稱請副都督陳作新前往彈壓，以平息風潮。焦達峰不知是計，即派副都督陳作新前往調解。陳作新跨馬前往，剛達北門文昌閣附近，梅馨指揮叛兵，出其不意，把他刺下馬來，陳被叛兵活活砍死。陳作新被害後，「叛將梅馨乃揚言為故總兵黃忠浩報仇，誣陳為匪，並言陳匪已去，焦匪尚在，宜併去之」。梅馨又指揮叛兵百餘人，殺氣騰騰湧至都督府，聲言要殺焦達峰。（馮自由《革命逸史》第二集）

焦達峰為人光明磊落，對自己人向無防人之心，都督府的衛隊盡由一群毫無戰鬥力的會黨等烏合之眾組成，遂釀成被害的慘禍。當時，守門衛的是焦達峰原私塾老師、黃公橋革命搖籃發起人之一的黎尚姜。他因焦達峰作了都督，滿懷激情，自告奮勇，自薦充當都督府的門房傳達。此前曾有瀏陽名士宋文先，很關心焦督，探悉了軍官集團要謀害焦達峰，曾兩次專程到督署求見焦達峰報告機密，陳述利害。黎與宋素昧平生，不肯通報，宋文先乃頓足而去道：「焦都督用糊塗人當門房，閉目塞聽，大事休矣。」（焦傳統〈心懷故國的明朝移民黎先誠和黎尚姜〉）

因此，當叛兵衝到都督府時，黎尚姜手足無措，眼睜睜讓匪徒衝入都督府。這時，焦達峰正與同志商討繼續援鄂及解決湘西糾紛問題。喧嚷傳來，有人力勸其暫避，焦達峰卻激昂慷慨地說：「避將往焉？我為種族革命，凡我族之附義者，不問其曾為官僚，抑或紳士，余皆容之。」「余唯有一身受之，勿令殘害我湘民，且余信革命終當成功，若輩反覆，自有天譴。」（見《辛亥革命在湖北史料選輯》）說罷，焦達峰親出向叛兵曉喻大義，叛兵竟向前將焦督劫持至府門。焦達峰斬釘截鐵地說：「要殺就在這裡！」說完，他向高懸在旗杆上的旗幟行了一個禮，以蔑視一切的大無畏精神，昂首挺立在都督府的前坪，匪徒蜂擁而上，一陣亂刀，將他砍死。將滿二十五歲的焦達峰，就這樣為革命而悲壯殉難了。

焦達峰被害後，凶手還用其鮮血寫下「焦達峰係匪首姜守旦冒充，應予處決」等字樣，藉以混淆視聽。

焦達峰的被害確實使親痛仇快。其胞弟達人，「持槍按子彈要去找冤家報仇」。前赴武漢的第四十九標部隊已開至鯰魚套，「聞變皆泣不成聲。徒以漢上戰事方急，未便回師討賊，以分革命之勢，亦唯有沫血飲泣，與清軍拚生死而已」（馮自由《革命逸史》）。焦達峰的義弟黃小山痛哭流涕地說：「焦大哥一死，我們喪失了領袖，共進會喪失了靈魂……我呼籲打擊共同殺賊。」（焦傳統〈焦達峰的桃園義弟黃小山〉）焦達峰的戰友周海文，痛哭流淚數晝夜。他說：「焦都督犧牲了，中國失去了一個天才的革命軍事家。我上為天慟，下以哭其私。」他憤恨至極，從此不問世事，吃齋念佛以終。（焦傳統〈毀家紓難的義士周海文〉）

關於殺害焦、陳的元凶是誰，人言言殊，我以為前面介紹的危道豐《平齋五十自述》所透露的最接近真相。危氏《自述》記敘了他們那些留日士官生集議誅殺焦、陳，而「梅植根氏（梅馨）尤為激昂憤慨」，「集議甫畢，彼即投袂回營」的情況。他還記敘了後來劉揆一在修纂國民黨黨史稿時，關於焦、陳是否為譚延闓所殺，特徵詢過危本人的意見。危明確回答，對於譚氏督湘的功過是非，「我卻不敢擅作批評，獨於殺焦、陳一事，我敢斷言，絕非出自譚公之造意。蓋在辛亥年舊曆九月初十以前，譚公杜門謝客，絕未與聞外事也」。劉揆一聽後，「唯唯稱是」。

既然軍官集團是殺害焦、陳的直接凶手，那麼革命黨人呢？為什麼事前袖手，事後緘口？我認為，某些黨人與軍官集團達成了某種默契。

焦、陳被害之日，有人親見「焦督臥室中，器具服飾毫無更易。鄰室中譚人鳳一手執紙媒，一手執銅水煙袋，據案閱書，若不知焦陳兩督已被害，都督已易譚延闓事」。當有人告知事變時，「譚執煙袋起立曰：『何必殺他，把他關一下子就是了。』」（見潘世謨〈焦達峰被害見聞〉，《湖南文史資料選輯》第十五輯）態度冷漠，反應輕淡，似已預知大概者。

我還大膽地推測，焦、陳在同盟會中是孤立無援的。我根據的是兩個細節。

一是焦、陳被害之時，同盟會骨幹譚人鳳、閻鴻飛、文斐等人都在現場，而叛兵聲言「殺土匪，為湖南除害」，對其毫髮未損。

二是一九一一年十一月十七日同盟會機關報《民立報》曾刊有訪員的報導，談來大可玩味，其中云：

> 查焦、陳二人並非革黨，乃係會匪頭目，紳學軍商各界，概未深察……此次得充正副都督，不免故智復萌，仍謀私結黨與，利用新軍，以遂其號召會匪、點壇開山之志願，並不知所謂恢復漢族為何事。不過隱忍未發，特

借此項新名詞以為掩飾紳學各界及新軍人等耳目之計。久之漸不自安，乃私召其會匪黨羽，暗中相助。其都督署中漫無規則，有呼之為焦大哥者。至初二、三等日，革黨先後來湘，均嘖嘖稱怪，謂黨中並無此二人，即本省紳士軍人亦頗疑之。

最是焦、陳殉義處，行人指點到今疑。才得正解，旋又生疑，這就是歷史讓人扼腕、讓人苦惱、讓人疑惑的地方。這就是歷史的魅力！

是譚延闓，堅定地肯定了焦、陳的功績，向群眾「宣言此次首倡義舉，係屬焦、陳二督，厥功甚偉」，「所有焦、陳二督屍首，應即派員以都督禮敬謹殯殮」，「其家屬各給恤銀二萬兩」。還表示要厚葬焦、陳於嶽麓山，修石墓，鑄銅像，建烈士祠，「以慰英魂」。（見《中國近代史資料叢刊》之《辛亥革命》）

當時長沙舉行了盛大的追悼會。追悼會的大門上，寫著八個赫赫大字：

三湘二傑，十日千秋

很多人都為焦達峰痛惜，一位佚名的「瀏陽宿儒」給他寫的輓聯是：「與周郎同年，昔日都督，今日都督；繼關公扶漢，前破長沙，後破長沙。」上聯是說焦達峰的壽命與周瑜相當，下聯是說焦達峰和關羽一樣對漢室忠貞不渝。

和大多數湖南辛亥革命英烈一樣，焦達峰也歸葬嶽麓山。這裡山巒糾結，風旗雲馬，彷彿還奔騰著一股英雄氣。同為瀏陽人的湘督劉人熙，為他撰題了一塊「瀏水墮淚之碑」，碑是仿晉羊祜的「墮淚碑」起名的。這是埋葬嶽麓山的所有墓碑中，最自由奔放的一塊。生性散淡、江湖氣的焦達峰，在天國一定會喜歡的。當然，這些都是後話了。

辛丑到辛亥的十年，改革之風勁吹，在神州的天宇，各種政治色彩的雲塊在移動，迅速聚集在兩湖。一股英雄氣馳騁縱橫在湘山楚水之間。在長沙，風滿高樓，於無聲處待聽驚雷。

時光到了一九一一年，各種政治力量都在賽跑。誰占先機？鹿死誰手？誰執牛耳？誰主沉浮？

中國其他地區與兩湖在賽跑；

湖南與湖北在賽跑；

湖南，長沙，各種政治力量也在賽跑。

改朝換代，一觸即發。湖南巡撫余誠格與巡防營統領黃忠浩緊急籌商應變方法，調動軍隊，收繳彈藥，部署鎮壓；立憲派人士在加強與革命黨人的合作，提出「文明革命」，企圖在盡少破壞舊秩序的情況下，取得地方政權。革命黨人連月的工作早已「無間日夜」了，焦達峰大聲疾呼：「中國存亡在此一舉，再不動手，更待何時？」

萬物昭蘇天地曙，全憑南嶽一聲雷！

國家圖書館出版品預行編目

辛亥前夜的細節長沙 / 陳書良 著 . -- 初版 . -- 臺北市
: 龍圖騰文化 , 2015.9
面； 公分 . -- (大歷史 GH025)
ISBN 978-986-388-027-1 (平裝)

1. 辛亥革命 2. 民國史 3. 湖南省長沙市

628.19 104014219

GH025大歷史

辛亥前夜的細節長沙

作　　者／陳書良
責任編輯／郭鎧銘
主　　編／郝逸杰
美術設計／林惠儀
封面設計／林惠儀

發 行 人／蔡清淵
總 編 輯／郝逸杰
版權策劃／李　鋒
出版發行／龍圖騰文化有限公司
地　　址／臺北市信義路四段98號12樓之2
電　　話／02-27043265・傳真/02-27043275
劃撥帳號／50242319　戶名：龍圖騰文化有限公司
總 經 銷／創智文化有限公司
地　　址／新北市土城區忠承路89號6樓
電　　話／02-22683489
法律顧問／毛國樑律師
印　　刷／金璽彩印有限公司
定　　價／NT$ 300元
ISBN／978-986-388-027-1
初版一刷／2015年9月